학교를
칭찬하라

학교를 칭찬하라

| 학생, 교사, 학부모 모두가 행복한 학교를 위한 7가지 전망 |

요아힘 바우어 ｜ 이미옥 옮김

궁리
KungRee

차례

독일 학생들도 우리나라 학생들처럼 자신들의 세계를 나름대로 해석하고 또 농담을 만들어내고는 한다.

"교사가 있고 난 다음부터 세상에 실수란 없다. 왜냐하면 교사 자체가 실수니까."

이런 농담으로 알 수 있듯, 독일도 학생과 교사 사이의 관계가 매우 위태로울 때가 많다. 어느 곳이든 학생, 교사, 학부모 사이는 교육을 둘러싸고 크고 작은 불협화음을 만들어낸다.

이 책 『학교를 칭찬하라』는 단순히 우리가 학교를 칭찬해주면 교육과 관련되는 모든 일이 술술 잘 풀린다고 말하지는 않는다. 학교를 칭찬해줘야만 하는 이유를 설명하는 책인데, 저자의 연구 분야와 책이 나오게 된 배경을 알고 읽으면 이해하는 데 도움이 될 것 같아 짤막하게 소개해본다.

우선 이 책이 나오게 된 배경부터 살펴보자. 『학교를 칭찬하라』가 2007년 독일에서 출간되기 1년 전에 『규율을 찬양하라』라는 책이 먼저 나왔다. 사립학교 '살렘 성(城) 기숙학교'에서 오랫동안 교장을 역임했고 교육학자이기도 한 베른하르트 부엡(Bernhard Bueb, 1938년생)이 자신의 경험을 바탕으로 교육의 핵심을 서술한 책이다. 제목에서도 얼핏 느낄 수 있지만, 『규율을 찬양하라』는 교육의 현장에 권위와 규율이 다시 자리 잡아야 한다는 주장을 펼친다. 학생들에게 제일 먼저 가르쳐야 하는 것이 규율이며, 그렇게 해야 학생들은 권위를 인정하게 되고, 개개인이 욕구를 포기하고, 자신의 행동에 책임을 지게 되어 결국에 자기 삶의 주인이 될 수 있다는 것이다.

권위와 규율로 학생들의 동기를 자극할 수 있다는 주장이 등장하자 독일에서는 그 어느 때보다 교육에 관한 논쟁이 뜨겁게 달아올랐다. 당연히 '자유'가 더 중요하다고 주장하는 학자들과 언론인들이 이의를 제기했다. 이 책의 저자 요아힘 바우어 역시 '규율'의 부활을 외치는 베른하르트 부엡을 비판했지만, '자유'만을 옹호하지도 않았다. 그는 사실 교육학자가 아니라 의과대학 교수이자 정신과의사이다. 그러나 아이들과 관련된 프로젝트와 여러 가지 뇌 연구를 진행하면서 교육에 대한 확고한 입장을 가지게 되었다. 그는 뇌 연구를 바탕으로 교육이 어떤 식으로 이루어져야 하는지를 구체적으로 이야기한다. 어쩌면 그의 이런 객관적 시각과 해결책이 복잡하게 엉켜 있는 실타래 같은 우리의 교육 문제를 풀 수 있는 단초가 될지도 모른다.

그가 연구하는 신경생물학 분야는 신경체계의 구조와 개별 뉴런의 기능 외에도, 학습의 바탕이 무엇인지, 그리고 지각과 사람의 심리에 대해 광범위하게 다룬다. 요아힘 바우어 교수가 교육에도 적용하고, 이 책에도 자주 등장하는 '거울뉴런mirror neurons'(혹은 거울현상, 공명현상)이라는 것도 신경생물학적 체계이다. 이 체계는 사람과 사람 사이의 '관계'가 갖는 의미와 중요성을 말해준다. 즉 거울이 나의 모습을 비춰주듯, 나와 상대방은 무의식적으로 행동이나 감정을 서로 비추고 반응한다. 가령 상대가 손가락으로 머리를 쓰다듬으면 나도 모르게 내 손이 머리 위에 올라간다거나, 상대의 기분이 우울하면 나도 서서히 그런 기분에 전염된다는 것이다. 이때 두 사람이 부모 자식이거나 애인, 혹은 친구 사이처럼 특별히 가깝다면, 우리의 거울신경세포들은 더욱 활발하게 반응하게 된다.

학생, 교사, 학부모 또한 서로 많은 영향을 주고받는, 다시 말해 거울반응을 강렬하게 하는 관계이다. 학생들은 자신의 모습을 부모라는 거울, 선생님이라는 거울에서 찾게 된다. 만약 거울에 비친 모습이 학생들의 개성, 특성과 잘 어울린다면, 아이들은 매우 잘 성장한다. 그렇지 않을 경우에는 어떻게 될까? 아이들은 현실과 담을 쌓고 컴퓨터 게임에 중독되거나, 방황을 하고 또는 폭력적이 될 수도 있다(이에 관해서는 본문에 충분한 사례가 등장한다). 그래서 저자는 아이들과 청소년들에게서 학습하고자 하는 동기를 불러일으키고 싶은 사람이라면, 우선 아이들과 성공적인 '관계'를 맺으라고 강조한다.

『학교를 칭찬하라』는 2007년 4월 독일에서 출간되자마자 금세 베스트셀러 목록에 올랐고, 지금까지 꾸준히 읽히고 있다. 이렇듯 반응이 좋은 이유는, 단순한 이론적 논쟁이 아닌 학생, 교사, 학부모에게 주는 실용적인 충고가 담겨 있기 때문이 아닐까 싶다. 교육에 관심은 많지만 어떻게 해야 좋을지 몰라 답답한 마음으로 이 책을 든 독자들이 기대하지 않았던 답을 발견할 수 있기를 간절히 바란다.

2009년 2월

이미옥

1장

학생을
이해한다는 것
―학교의 신경생물학

Lob der **Schule**

교육에 대해서라면 소나 개나 한마디씩 한다.

— 학생들끼리 하는 우스갯소리 중에서

'비를 찬양' 한다고 해서 비가 내리고 사막이 비옥한 땅으로 탈 바꿈하지는 않는다. 마찬가지로 엄격한 규칙과 '규율을 찬양' 한다 고 해서 학교에 더 많은 규율이 생겨나고 배움의 문화가 자리잡는 건 아니다. 비록 '학교를 찬양하라' (이 책의 원제—옮긴이) 는 제목 이 붙어 있지만, 이 책은 고백록이나 신앙서가 아니라 인문서이다. 학교에서 중요한 것은 두뇌, 정신, 창의력, 동기 그리고 협동이다. 다시 말해 활력적인 현상들이 중요한데, 이런 현상들은 신경생물 학적 배경을 가지고 있다. 그렇다면 '학교의 신경생물학' 이라는 것이 존재할까?

이 책은 학교를 살아 있는 교육의 장이자 인간적인 교육의 장으로 만들고자 하는 사람들을 위해 씌어졌다. 달리 말한다면, 가뭄의 위험이 있는 땅을 비옥하게 지켜내려는 사람들에게 일종의 샘물이나 관개시설 같은 역할을 하고자 하는 책이다. 물론 학교에서 이루어지는 교육과정에는 최소한의 규율이 필요하다. 하지만 이런 규율은, 오랫동안 '살렘 성(城) 기숙학교'에서 교장으로 재직한 베른하르트 부엡이 자신의 책 전체에 걸쳐 필요성을 역설한 그 규율과는 분명 차이가 있다.[1] 존경과 권위가 어떤 조건에서 세워지는지는 말하지 않고, 무작정 아이들에게 더 많은 '존경'을 요구하고, 학부모와 교육자들을 위해 더 많은 '권위'가 필요하다는 주장을 수용하는 사람은, 문제를 너무나 쉽게 생각하는 것이다.[2] 살렘 성 기숙학교를 다닐 정도로 상류층에 속한다면, 다시 말해 아침부터 저녁까지 잘 선별된 양질의 수업을 받는 학교를 기준으로 삼는다면,[3] 우리가 오늘날 걱정하고 있는 공교육을 제대로 논의조차 할 수 없다.

나는 이 책을 통해 학생, 학부모, 교사, 그리고 학교 시스템을 좀더 향상시키고자 하는 모든 사람들에게 구체적인 대안을 제시하고자 한다. 그러니까 학생들이 삶을 사랑하고, 학습동기를 갖고 즐겁게 배움을 이어나가기 위해서 무엇이 바탕이 되어야 하는지 보여주고자 한다. 집을 짓고자 하는 사람 곁에 엔지니어나 건축가가 없다면, 수십 명의 사람들이 어떤 재료와 어떤 구조로 집을 지으면 아름다울지 얘기한들 무슨 소용이 있겠는가. 건축가나 엔지니어가 곁에 있어야만 집을 지었을 때 어떠할지 구체적으로 보여줄 수 있는 것이다. 학교라는 구조도 마찬가지이다. 좋은 학교를 현실화하는 방법에는 여러 가지가 있다. 하지만 어떤 방법을 사용하든, 어떤 교육기관이 나서든 상관없이 중요한 것은, 집을 지을 때 우리가 엔지니어나 건축가들에게 기대하는 바로 그런 능력이다.

집을 지을 때 건축자재들이 어느 정도의 하중까지 견딜 수 있는지를 계산한 비율을 안전율이라 하는데, 학교라는 시스템에도 세 가지 안전율이 존재한다. 첫 번째는, 교육을 받고자 하는 동기이고, 두 번째는 배우는 학생, 가르치는 교사, 학부모가 서로 협조하려는 의지이며, 마지막 세 번째는 교사와 학생이 관계를 맺는 능력이다. 하지만 도대체 누가 이와 같이 중요한 세 가지 요소를 잘 알고 있을까?

학습동기, 협조적인 태도, 그리고 관계형성이라고 하는 요소들은 결국 신경생물학적인 바탕에서 나온다. 따라서 우리에겐 **학교의 신경생물학**이 필요하다. 이로부터 어떤 전망이 나오게 될지 ― 학생, 교사, 학부모를 위해서, 그리고 학교정책과 사회 전체를 위해서 — 가 바로 이 책의 주제이다. 학교와 관련된 문제를 해석하는 데 신경생물학적인 해석은 최고로 탁월하지도 않으며 유일하지도 않다. 학교라는 주제가 다양한 학문 분과들이 함께 해결해야 하는 문제라는 사실에는 의문의 여지가 없다. 우리에겐 아동과 청소년들이 각각의 나이대에 무엇을 이해할 수 있고 해낼 수 있는지 알려주는 발달심리학 지식이 필요하다. 또한 어떻게 하면 교육 내용을 학생들에게 흥미롭고, 삶에 도움이 되며 이해하기 쉽게 가르칠지 알고 있는 이른바 교수법 전문가들도 필요하다. 학교라는 체계가 발전하려면 무엇보다 경험 많고 독립적인 교사들이 필요하다. 요컨대 학생들을 좋아하고, 학급이라는 공간에서 능력을 발휘할 수 있는 교사들 말이다. 그리고 물론 학교가 지침으로 삼을 수 있고, 학생들의 성적을 측정할 수 있는 여러 가지 기준들도 필요하다. 하지만 이 모든 것들로는 — 여기서 언급되지 않은 더 많은 것들까지 포함해서 — 충분하지 않다. 사실 기준이야 오래전부터 있었다. 그리고 우리는 몇 년 전부터 발달심리학에 관해서도 웬만큼 알고 있다. 또한 교수법에 관해서도 부족하지 않을 만큼 알고 있고, 전문가들도 꽤나 많다.

하지만 이와 같은 노력과 투자에도 불구하고 우리 사회는 이미 높은 대가를 지불하고 있으며, 미래에는 더 많은 대가를 치러야 할 상황에 놓여 있다. 독일의 학교 시스템 대부분은 끔찍한 재앙에 처해 있다. 이런 학교 시스템들은 졸업생들이 다음 단계로 진학해 교육을 받는 데도 도움이 되지 않을 뿐더러, 사회에 진출할 준비가 덜 된 졸업생들을 배출하고 있다. 매년 청소년들 가운데 10퍼센트가 졸업을 하지 않은 채 학교를 떠나고 있다. 이들이 ― 졸업한 많은 학생들도 마찬가지인데 ― 학교에서 보낸 10년 혹은 그 이상의 기간은 마치 달궈진 프라이팬에 떨어진 물처럼 증발해버렸다. 우리는 오늘날 청소년들 중 일부, 특히 특권층이 아니며, 교육을 잘 받지 못한 청소년들에 대해 참으로 무관심하다. 즉 학교에서 어떻게 교육받고, 개인적으로는 어떻게 발전하고 있는지 아무도 관심 갖지 않는 상황에서 그들은 성장하고 있다. 그리하여 이런 청소년들은 점점 더 ― 이는 주로 남학생들에게 해당되는데 ― 희망이 없고, 냉소적이며, 경멸과 폭력이 넘치는 분위기 속에서 자라고 있다. 학교를 중퇴한 많은 학생들이 만약 컴퓨터 게임으로 시험을 치른다면 아마 탁월한 성과를 낼 것이다. 물론 피사 테스트(PISA-Test, OECD에서 2000년부터 3년마다 실시하며 주로 OECD 회원국과 파트너 국가들 소속 만 15세 학생들을 대상으로 학업성적을 테스트한다. ― 옮긴이)에 그런 게임 과목이 있다고 전제한다면 말이다. 요약하자면, 학년을 불문하고 대부분의 학생들은, 정작 삶에 필요한 것에 대해서는 아무것도 배우지 못한다. 이를테면 자신감과 동기, 전문가적인 기초지식은 물론 사회적 능력과 감성적 능력도 배우지 못하는 것이다.

● ● ●
아이는 서류철이 아니다

학교행정을 맡고 있는 직원들은 공무원들처럼 일한다. 관료적인 조처를 좋아하는 것이다. 구체적으로 말하면, 그들은 문제를 기준과 통제를 통해서 해결하려고 한다.[4] 누구도 기준을 어기지 못하지만, 기준이 비참한 상황을 해결해주지는 못한다. 오늘날의 교육이 실패한 이유는, 학생들이 어떤 시점에 어떤 지식을 습득해야 하는지 교사들이 몰라서가 아니다. 교사와 학생이 성공적으로 가르치고 배우는 것이 가능한 수업 상황을 만들어내는 데 학교가 실패했기 때문이다. 그로 인해 학생들은 학교를 끔찍한 장소로 체험하고, 그리하여 학교는 어쩔 수 없이 아침에 등교는 하지만 가능한한 빨리 빠져나가고 싶은 곳이 되어버렸다. 성공적인 교육을 위해서 가장 중요한 전제조건은 교육에 참여하는 자들의 능력인데, 학교는 교육에 참여하는 자들의 무능으로 실패하고 있다. 즉 배움을 촉진할 수 있는 건설적 관계가 만들어지지 않고 있는 것이다. 물론 학교 스스로 이 문제와 관련해 중요한 역할을 해야 하고, 합당한 것들을 요구할 권리도 가져야 한다. 학교 문제의 성공과 실패에 중요한 역할을 하는 또 다른 요소는, **외부에서** 학교에 미치는 영향과 사람들이다. '외부' 란 아동과 청소년들이 오늘날 살고 있는 곳이자, 우리 모두가 살고 있는 공간이다.

의사들이 주도한 연구에 따르면, 학교에 다닐 의무가 있는 모든 아동과 청소년들 가운데 50퍼센트 이상이 건강에 만성적인 문제가 있다.[5] 전체 학생 가운데 15퍼센트 이상이 '심각한' 정신적 질환에 시달리고 있는[6] 삶의 공간은 도대체 어떤 공간이란 말인가? 또한 청소년들이 스스로 행사하고 또 당하는 폭력이 증가하고 있는 이 공간은 어떤 공간이란 말인가?[7] 어떻게 교사들이 학급당 25명 이상, 심지어 30명 이상이나 되는 학생들을 잘 가르칠 수 있겠는가? 게다가 이 아이들 가운데 절반이 건강하지도 않은데 말이다. 가족정책을 담당하는 고위 정치가라는 인물이 아이들과 관련된 업무를 두고 야단법석을 떨지만 무의미한 일이라고 말하는 이 나라는 대체 어떤 정책을 우선시하고 있는 것인가?[8] 대부분 아침도 먹지 않고 수업을 듣는 학생들이 다니는 학교의 주 정부는 무엇을 중요하다고 생각하는 것인가? 폐점시간을 밤까지 연장하여 저녁과 주말에 멋지게 시장을 볼 수 있는 가능성이, 어머니 혼자 힘들게 돈을

벌어야 생계를 유지할 수 있는 수만 명의 아이들이 처한 상황보다 더 중요한 사회는 도대체 어떤 사회란 말인가? 현재 독일 정부는 종일수업을 할 수 있는 학교를 위해 40억 유로를 제공하고 있다. 그러나 학교에 필요한 장비와 인력을 고려할 때, 이는 자선금과 다를 바 없으며 그마저도 지극히 부족한 형편이다.[9]

하지만 이 모든 것들이 신경생물학과 무슨 상관이 있단 말일까? 대답을 하자면 이러하다. 즉 한 명의 아이는 사람들이 한 장 한 장씩 지식을 철해 넣는 서류철이 아니라, 그들의 체험과 태도가 신경생물학적인 기본원칙에 따르는 살아 있는 생물이라는 것이다. 이 책은 한편으로 삶의 상황과 사람들 사이에서 얻게 되는 경험의 관계를, 다른 한편으로 그런 관계에 영향을 받는 신경생물학적 과정을 설명하고 이로부터 나오게 될 결과를 해명하게 될 것이다. 여기서 신경생물학적 과정이란 아이의 동기와 좋은 성적을 내고자 하는 자세의 기본이 되는 것이다. 학교의 외부에서, 특히 학교정책을 담당하는 자들이 가능한 한 망각하고자 하는 게 있다. 그것은 교육과정에서 아이들을 우선시하는 태도가 기획하고, 받아쓰고, 받아쓴 내용과 규정들을 서류철에 끼워 넣는 일과는 다르다는 점이다. **학교에서 가르치고 배우는 모든 행동은 상호간에, 대화를 통한 관계 속에서 일어난다.**

20년 전과 달리 오늘날 많은 교실은 더 이상 학습 분위기 조성이 불가능한 상태이다. 다시 말해 교사들은 학생들의 흥미를 충분히 끌 수 있는 자료들이 부족한 환경에서 학생들을 가르쳐야 한다(몇 개의 학교들, 가령 살렘과 같은 사립 고등학교는 예외이다[10]). 학생들은 시대를 막론하여 항상 생기 넘치고 반항적이며 거부하는 것을 좋아하는 존재로, 자신들의 태도를 근거 삼아 세상에 뭔가를 묻고 요구한다. 아동과 청소년들이 그처럼 꾸밈없는 생동감을 미래에도 잃어버리지 않기를 바랄 뿐이다. 하지만 뭔가 변하기는 변했다. 1980년대까지만 하더라도 분명하고 단호한 태도를 취하던 교사들은 일시적으로 궤도에서 벗어난 수업 상황을 재정비하고 수업을 장악하는 데 아무런 문제가 없었다. 이는 부모와 학교, 지역사회 사이에 하나의 동맹관계가 형성되어 있었기에 가능했다. 이들은 교육이 삶의 중요한 요소이며, 아동과 청소년들은 어른들이 지원하고 격려해줘야 한다는 데 의견을 같이했던 것이다. 이보다 좀더 의미있었던 것은 당시에는 — 말은 하지 않았지만 혹은 의식하지는 못했지만 — 학생들과 학교 사이에 동맹관계가 존재했다는 점이다. 학생들은 높은 목표를 달성하는 데 장애가 되는 부분을 스스로 해결할 필요가 없다고 믿었다. 그리하여 학교가 제시한 형식과 이와 관련된 기본원칙들이 존중받았다. 그러나 이런 상황들은 그 사이 엄청나게 변했다(그 원인에 관해서 계속 이야기하도록 하겠다). 당시와 같은 수업 상황은 오늘날 어떤 방식으로든 더 이상 조성할 수 없다. 교사들은 수업이 가능한 상황을 만드는 데만 에너지의 대부분을 소모하고 있는 실정이니 말이다. 성공적인 관계란 학교에서 실시되는 교육의 과정에서 없어서는 안 될 전제조건이며, 배운 내용을 넘어 학생들이 뭔가를 달성하기 위해 반드시 필요한 수혈과도 같다. 그런데 교사들이 이와 같은 과제에서 — 앞으로 내가 밝히게 될 여러 가지 원인으로 말미암아 — 계속 실패를 하기 때문에, 많은 교사들은 자신의 직업에 회의를 느끼며 병들고 있다.

인간 상호간의 관계가 중요한 역할을 하는 곳에는 항상 신경생물학이 관여하고 있다. 인간은, 특히 아이들은 '관계를 맺는 동물'이다. 인간이 관계를 맺으면서 체험하는 모든 것은 뇌에 의해서 생물학적 신호로 바뀌고, 이것은 우리 신체의 생물학적 특성과 능력 그리고 우리의 태도에 영향을 준다. 또한 역으로 이 모든 것은 우리의 인간관계에 영향을 준다. 뇌는 심리학으로부터 생물학을 만들어내며 신경생물학적 사건으로부터 다시금 심리학이 나오는데, 이는 다시 말해 신경생물학적 사건이 우리의 체험과 태도에 영향을 준다는 의미이다. 과학자들은 이런 과정이 어떻게 일어나는지 세부적으로 알게 되었을 뿐 아니라, 특히 사람들 사이에서 얻는 경험들이 생물학적으로 어떤 결과를 낳는지에 대해서도 구체적으로 알게 되었다. 학교 문제를 해결하고자 한다면, 우리는 이 지점에서 시작해야 한다. 인간관계의 경험으로부터 나오는 생물학적 결과들은 지금 우리가 처해 있는 상황에만 해당되는 게 아니라, 장기간 영향을 미치는 '생물학적 문서(Biological Script)' 라는 것을 뇌에 남겨놓는다. 그 경험이 반복되거나 혹은 결정적인 경우에는 특히 그러하다. 이와 같은 맥락과 의미들이 학교라는 주제를 다룰 때 함께 언급될 것이다.

● ● ●

동기와 목표지향의 신경생물학적 기초

삶의 기쁨, 동기, 하나의 목표를 위해 노력하는 자세는 저절로 생겨나지 않는다. 오늘날 우리가 범하고 있는 가장 치명적인 오류 중 하나는, 사람들의 행동은 대부분 유전자에 의해서 이미 결정된 것이며, 따라서 외부적인 요소들은 아주 조금밖에 영향을 미치지 못한다는 생각이다. 또 다른 전설 같은 믿음은 '재능 있는 아이' 에 관한 오해이다. 즉 어린아이들도 놀라울 정도의 인식 능력과 감정적 능력을 개발할 수 있다는 사실을, 마치 그런 능력을 아이가 혼자서 개발할 수 있는 것처럼 해석하는 경우이다. 이와 같은 두 가지 전설에 68운동 세대의 반응도 추가되었다. 과거 권위적이고 폭력적인 수단을 동원했던 '블랙 교육학(Schwarze Pädagogik, 폭력과 위협을 수단으로 삼는 교육방식을 일컫는 부정적인 개념으로, 1977년 여성 사회학자 카타리나 루치키가 동일한 제목의 책을 출간하면서 알려졌다.—옮긴이)'의 전통에 따라 아이들을 비인간적으로 대하는 태도를 지극히 반대하는 이들 68세대는, 아동과 청소년들을 가능한 한 간섭하지 않고 자유를 주는 게 가장 옳은 교육이라 믿었다. 그런데 이런 방식은 일종의 공기가 없는 공간을 만들어냈고, 결국 아이들은 보호구역이나 여과장치 없이 현대 소비사회가 제공하는 온갖 소비제품에 노출되고 말았다.

인간을 포함한 모든 생물적 체계들은 유전자를 통해 예정된 곳으로 혼자 내달리는 게 아니다. 이를테면 자동 조정 장치가 달려 있어서 삶이라는 거리를 달려가는 게 절대 아니라는 말이다. 유전자는 협력 장치이자 대화를 하는 장치이며, 신호를 받아들이고 그것들을 조정하는데, 하나의 조직이 살아 있는 동안에는 매순간 그렇게 한다.[11] 유전자와 주변 환경을 서로 상반된 요소로 규정짓는 것은 근본적으로 오류이다. 수십 년간 계속되었던 '자연 대(對) 환경(nature and nurture)'[12] 논쟁은 유령들이 하는 논쟁으로, 유감스럽게도 주로 유전자에 대해 아무것도 이해하지 못하는 자들이 아직도 이런 논쟁을 하고 있다.[13] 유전자가 하는 일은 오로지 환경과 연관해서 파악해야만 한다. 그러니까 유전자는 유기체의 일부분으로서 환경 속에서 활동하고 환경에 반응도 한다는 것이다. 유전자만 그런 게 아니라 환경도 마찬가지이다. 우리가 생물학적이고 심리적인 반응을 인지하고 환경을 서술하고 이해할 때, 환경의 의미가 제대로 이해된다. 생물학적인 반응과 심리적인 반응은 생명체가 어떤 환경에 처하게 됐을 때 나타난다. 아동과 청소년들도 다르지 않다. 만일 우리가 그들이 처해 있는 상황과 연결하여 아이들을 이해한다면, 우리는 그들을 더 많이 이해하고 계발할 수 있다. 구체적으로 말한다면, 아이들이 처한 상황에서 생겨나는 생물학적 자극과 심리적 자극 가운데 그들에게 중요하다고 여겨지는 자극들을 아이들과 연계하여 이해해야만 진정으로 그들을 이해하고 육성할 수 있다는 뜻이다. 하지만 아이들에게 자극은 무엇이며, 아이들로 하여금 동기를 갖도록 하고 목표를 향해 노력하는 자세에 영향을 줄 수 있는 것은 무엇일까?[14]

그 어떤 것도 저절로 생겨나지 않으며 동기도 마찬가지이다. 삶에 대한 의지, 에너지, 동기와 쾌감을 관장하는 신경생물학적 중추는 몇 년 전에야 발견되었다. "너희는 그 열매로 그들을 알게 될 것이다."[15] 성경에서 나온 이 말은 생물 연구에 적용해도 통할 때가 많다. 즉 과학자들은 신경생물학적인 동기체계가 생산하는 세 가지 전달물질을 우선 추적함으로써 이 체계를 발견할 수 있었다. 이 세 가지 물질은 함께, 소위 말하는 생물학적 '칵테일'을 만드는데, 이것은 뇌에 의해서 신체에 공급된다. 물론 그 전에 특정 조건들이 충족되어야 하는데, 이 부분은 나중에 언급하기로 하겠다. 우선 세 가지 전달물질부터 살펴보자.[16] 동기전달물질 1번은 도파민인데, 이것은 일종의 도핑마약으로 우리의 기분을 좋게 해주며, 성과를 올리려고 노력하게 만든다. 전달물질 2번은 신체 자생의 오피오이드[17]인데, 이것은 우리가 육체적으로나 정신적으로 좋은 상태라고 느낄 수 있게 해준다. 전달물질 3번은 옥시토신으로, 우리는 이 흥미로운 물질로 인해 특정한 사람들에게 호감을 느끼고, 그들을 위해 노력하게 된다. 성과를 올리는 마약 도파민, 행복한 느낌을 주는 오피오이드, 그리고 돈독한 관계를 유지하게 해주는 호르몬 옥시토신은 함께 배합되어 독창적인 트리오를 형성하고 있는 것이다. 이 세 가지 물질의 '혼합물'을 뇌로부터 충분히 공급받는 사람들은 즐겁게 살아가며, 다른 사람들과 함께 뭔가 할 준비가 되어 있고, 자신들의 행동이 가져온 성공을 향유하기를 원한다. 우리가 다루고자 하는 주요 문제는 다음과 같다. 뇌에 있는 동기체계에서 칵테일이 잔뜩 방출되려면, 다시 말해 뇌가 신체에 세 가지 물질이 배합된 칵테일을 충분히 제공하게 하려면, 어떤 일이 일어나야 할까?

가장 최근에 실시한 신경생물학적 연구는 다음과 같은 사실을 알려준다.[18] 즉 우리의 동기체계가 활발하게 작동하기 위해 결정적으로 중요한 조건들이 있는데, 그것은 다른 사람으로부터 받게 되는 관심, 사회적인 인정 그리고 개인적인 평가라는 것이다. 뇌는 정신적인 인상들을 생물학적인 신호로 바꾸는데, 이는 심리학에서 생물학을 만들어낸다고 표현할 수도 있다. 사회적 고립 혹은 소외는 동기체계 영역에 있는 유전자들을 비활성화한다는 연구결과가 나와 있다. 이와는 반대로 단순히 타인으로부터 인정받고 좋은 평가를 받을 수 있는 가능성만 엿보여도 이 체계는 엄청나게 활성화한다.[19] 아동과 청소년들이 동기와 관련해서, 그렇듯 중요한 인정과 평가를 어디에서 얻을 수 있는지는 분명하다. 그들은 신뢰하는 사람들에게서 그런 인정과 평가를 얻을 것이다. 즉 부모나 그와 비슷하게 가까운 사람들, 혹은 교사들과 다른 스승(후원자)들이 그에 해당된다. 사고와 행동의 기준으로 삼을 수 있는 가까운 인물이 아이에게 개인적으로 관심을 가질 때, 아이는 비로소 삶에 의미를 두게 되고 목표를 위해 노력할 만한 가치가 있다고 느끼게 된다. 아동과 청소년들은 삶의 의미를 달성하고자 하는 생물적인 욕구를 갖고 있다. 그들을 지속적으로 주목해주지 않으면 그들은 어떤 동기도 가지지 않을 뿐더러, 건강하게 자라지도 못한다.

주목을 받고, 동기체계를 구축하고 또한 그렇게 되기 위해 필요한 신경생물학적 과정을 진행시키려면, 아이들에겐 좋은 관계가 필요하다. 그러나 이 말이 아이를 조심스럽게 다루어야 한다는 뜻은 결코 아니다. 아이들은 인정받기를 원하기 때문에, 우리가 그들에게 무엇을 기대하고 있는지 정확하게 알고 싶어한다. 우리는 부모, 교육자 혹은 스승으로서, 아이들이 우리를 만족시켜주기 위해 혹은 우리에게 권력이 있다고 느끼게 해주기 위해 행동하도록 아이들을 양육해서는 안 된다. 삶이 그들에게 요구하게 될 능력, 즉 열정과 집중력, 창의력, 총명함, 도와주고자 하는 자세, 비판적 사고력, 근면, 지구력, 매수되지 않는 청렴함, 갈등에 대처하는 자세, 감정이입 능력, 공평함과 스포츠정신 등을 길러줘야 한다[20] ('좋은 관계'의 본질적 특징에 관해서는 나중에, 특히 7장에 가서 얘기하겠다).

아이들이 성장 과정에서 의미에 대한 갈증을 충족시키지 못하면, 뭔가 치명적인 일이 일어나게 된다. 아이는 정신적인 질환(예를 들어 공포심이나 우울한 증상)을 갖게 되거나, 우리가 많은 젊은이들에게서 목격하는 과정을 겪게 된다. 즉 육체는 살아가면서 반드시 필요한 전달물질을 얻기 위해 뇌의 동기체계를 훼손할 수 있는 대리자극물질을 찾게 된다. 하지만 이런 종류의 대리자극은 한 사람의 인생을 파괴할 수도 있다. 그런 대리자극물질도 전달물질을 방출하지만, **실생활**과 관련해서는 전혀 동기를 부여하지 못하고 무관심만 낳는다. 그런 대리자극이 제공하는 유일한 동기란 계속해서 동일한 종류의 대리자극을 찾도록 만드는 것이다. 다음번에 섭취할 복용량에만 점점 관심을 갖게 하는 대리자극물질은 중독물질이다. 따라서 모든 중독은 신경생물학적인 동기체계에 봉사하지만, 이와 동시에 동기를 파괴한다. 중독의학에서는 '성분과 연관된 중독질환'(술, 니코틴 그리고 다른 마약에 대한 욕구와 함께)과 '성분과 연관되지 않은 중독질환'을 구분하는데, 후자는 아동과 청소년들에게서 흔히 볼 수 있는 컴퓨터 게임 중독과 인터넷 중독에서 잘 나타난다.[21] 우리는 이 같은 현상을 진지하게 받아들여야 한다. 중독을 일으키는 게임들, 특히 화면을 통해서 이루어지는 게임에 관해서는 그 사이 학문적으로 많은 연구가 진행되었다. 이미 게임 중독자들을 치료하기 위한 독자적인 과(科)가 종합병원에 신설되어 있을 정도이다.

　아동이나 청소년들이 하나의 인격체로 인정받지 못하고 지원받지도 못한다는 느낌을 갖게 되면, 혹은 다른 사람들에게 의미있는 존재가 되고 싶다는 욕구를 느끼면, 그들은 피할 수 없는 신경생물학적 논리에 따라 중독이라는 위험에 극적으로 뛰어들게 된다. 모든 것이 게임을 하는 사람, 화면 그리고 조이스틱 사이에서의 놀이임에도 불구하고, 그들은 컴퓨터 게임이라는 세계에서의 행동이 현실적인 결과로 나타날 것처럼 게임을 체험하는 것이다. 그들은 게임을 통해 자신들이 뭔가 할 수 있고 가치있다는 느낌을 얻는다. 게임을 하는 사람들 대다수는 네트워크로 게임을 하는데, 이는 개인이 인터넷이라는 공간이 제공하는 익명의 게임 '커뮤니티'에서 다른 사람과 함께 연결되어 있다는 뜻이다. 이 공간에서 그들은 한편이 되거나 경쟁팀을 구성할 수 있다.

"인터넷에서 나는 대단한 사람이었다." 한때 게임에 중독되었던 사람이 중독자들을 위한 인터넷포럼에 올린 글의 일부분이다. "게임에는 도달할 수 있는 등급이라는 게 있다. 나는 8개월 만에 최고 등급에 올라갔다. 나는 대단한 사람으로 존중받았고, 나를 좋아하는 이들도 생겨났다. 바로 내가 늘 원했던 일이었다. 현실 세계에서는 모두들 나를 놀려먹었고, 나는 한마디로 별볼일없는 놈에 불과했다. 하지만 게임을 하면서 나는 의미있고 중요한 사람이 되었던 것이다."[22] 컴퓨터 게임에서는 새롭고, 오로지 눈으로만 볼 수 있는 (가상)관계와 (가상)공동체가 생겨난다. 이는 현실 세계를 거의 완벽하게 대체해준다. 게임에 중독된 청소년들은 컴퓨터나 인터넷 게임만을 위해 살아간다. 친구들과 다른 일을 시도하려 하지 않으며, 가족과의 대화, 스포츠, 음악 등에도 도통 관심이 없다. 이들은 비주얼한 세계에서는 상대적으로 빨리 스타로 부상할 수 있다. 그러나 바로 이런 점으로 말미암아 컴퓨터 게임은 젊은이들을 실제의 세계로부터 분리시키고 현실에서 발전할 수 있는 가능성을 훼손한다.

● ● ●

본보기의 신경생물학적 의미 : 모델에서 배우기

캐나다의 심리학자 앨버트 반두라[23]가 1960년대에 처음으로 '모델에서 배우기'라는 이론을 소개하면서, 아동과 청소년들은 대체적으로 다른 사람들을 체험하고 관찰함으로써 배운다고 주장했다. 당시의 심리학계는 그의 이론을 받아들이지 않았다. 정신분석가들은 '모델에서 배우기'를 경시해, 오래전부터 자신들이 사용하던 용어인 '동일화'의 과정으로 묘사할 뿐이었다. 이와는 반대로 행동심리학자들은 반두라의 시각이 사물에 새로움을 더해준다고 보았는데, 왜냐하면 그들은 인간의 행동이란 보상자극과 체벌자극을 통해 습득한 반응으로 이루어지며, 행동은 무엇보다 그와 같은 자극들을 통해 조종된다고 믿었기 때문이다. 이런 자극들은 특정 행동을 앞서 가거나(예 : 부엌에서 나는 냄새는 아이들을 배고프게 만들고 식탁으로 인도한다) 혹은 특정 행동의 결과로 나타난다(예 : 부모가 용돈의 액수를 주중에 숙제를 잘 했는지에 따라서 책정한다는 걸 알고, 아이는 숙제를 잘 하려고 노력한다).[24] 그 내용의 단순함으로 인해('A로부터 B가 나옴' 혹은 'B에 도달하기 위해 A를 따름'이라는 슬로건에 따라서) 순수한 행동이론은 오늘날까지도 매우 인기가 있다. 하지만 이 이론은 인간의 행동에 있어서 본질적인 요소뿐 아니라, 반두라가 최초로 인지했듯이, 무엇보다 배움이라는 결정적인 측면을 무시하고 있다.

앨버트 반두라는 자신의 이론이 30년도 더 지나서 **신경생물학적** 발견을 통해 인정받게 될 줄은 꿈도 꾸지 못했을 것이다. 1990년대 중반에 이르러 의식적인 사고 없이 자동적으로 작동하는 신경생물학적 체계가 존재한다는 사실이 증명되었다. 이 체계의 유일한 목적은 다른 사람들의 행동을 관찰해 뇌 속에서 흉내내는 것인데, 이를테면 일종의 말없이 '따라하기'이다. 다른 사람들이 우리에게 시범을 보이거나 보여주는 모든 것, 즉 행동, 느낌, 감정과 기분은 관찰자의 뇌에서 마치 거울처럼 조용히 모방된다. 이런 기능을 전문적으로 담당하는 신경세포들이 뇌에서 거울뉴런이라는 시스템(영어로 'mirror neuron system', MNS라 불린다)을 형성하고 있다.[25] 거울신경세포들은 우리가 보거나 함께 체험한 것을 내적으로 은밀하게 '함께-행동'하는 방식으로 '번역하며', 이들은 앨버트 반두라의 '모델에서 배우기'를 위한 신경생물학적 바탕이다.[26] 거울뉴런은 보는(혹은 어떤 사건에 동참한) 사람의 뇌에서 행동만이 아니라 느낌과 감정까지 복제한다. 거울세포들이 이들 요소로부터 조합하는 것은, 우리가 다른 사람들로부터 얻게 되는 전체적인 인상으로, 여기에는 다른 사람들의 감정적 상태, 동기와 행동전략까지 모두 포함되어 있다. 우리와 자주 함께 있거나 혹은 친밀하게 관계하는 사람들은 우리에게 일종의 상(像), 즉 우리를 바꿀 수 있는, 말하자면 우리의 일부분을 바꿀 수 있는 그림을 남겨놓는다.[27]

● ● ●

아동과 청소년들은 어른들에게 자신들을 비춰봄으로써 자신들의 잠재력을 인지한다

아동과 청소년들 그리고 교사, 부모, 멘토들 사이의 관계는 신경생물학적으로 볼 때 일방통행이 아니라 왕래가 활발한 구간과 닮았다. 교사와 부모가 하는 일은(물론 그 밖의 다른 많은 체험들도) 지속적으로 아동과 청소년들의 머릿속에 복사된다. 한편 아동과 청소년들은 그들의 부모, 선생님 그리고 그 밖에 친한 사람들의 머릿속에 감지되어 기록된다. 부모와 선생님이 자신들을 어떻게 인지하는지에 따라 아동과 청소년들은 자신들이 누구인지를 인식하며, 무엇보다 자신들이 누구여야 하는지, 다시 말해 자신들의 잠재력과 개발 가능성이 어디에 있는지를 인식하게 된다.[28] 말하자면 그들은 친밀한 사람들이 그들에 대해서 가지고 있는 상상과 비전의 복도 안에 있는 것에 익숙해진다. 그와 같은 '미래의 복도'가 존재하지 않으면, 아이들은 어디로 가야 할지 알 수 없다. 아동과 청소년들은 두 가지, 즉 행동하는 어른들의 직접적인 모델 그리고 친밀한 사람들로부터 얻게 되는 반사된 자신들의 모습을 이용하는데, 이는 한 단계씩 '자아'를 계발하고 인격을 형성하기 위해서이다. 이것이 바로 교육과 교양의 핵심이며, 어른들과의 관계가 성장하는 아이들에게 가장 중요한 역할을 하는 이유이다. 우리가 '본보기'로서 아이들과 형성하는 관계를 통해, 우리는 아이들이 무엇이 될지에 결정적으로 기여하게 된다.

그와 같은 과정을 위한 첫 번째 조건은, 아이들이 가깝게 여기는 어른들이 **곁에 있어주는** 것이다. 또한 친밀한 관계에 있는 어른들은 '특징을 가진 인간'으로서 인지되어야 한다. 하지만 모든 어른이 본보기가 되는 것은 아니며, 어른으로서 빛을 발휘하고 본보기의 기능을 충족시키려면 생명력 넘치고, 삶을 사랑하고, 문제를 해결하는 방법을 알고, 목표를 위해 열정을 바칠 수 있고, 옳다고 믿는 삶의 양식과 가치들을 위해 나설 줄 알아야 한다. 이때 어른들은 인간적이어야 하며, 결코 폭력을 동원해서는 안 되고, 다른 사람들의 자존심을 상하게 하거나 자신의 약점을 부인해서는 안 된다. 그와 같은 특성을 가진 부모와 교육자들은 인간적인 '실수'를 많이 해도 되는데, 왜냐하면 완벽함보다 더 중요한 것은 그들의 독특한 성격이기 때문이다. 즉 그들은 거울세포라는 체계를 거쳐서 아이들에게 **공명(Resonanz)**을 일으키며 불꽃을 활활 타오르게 할 수도 있고 정열에 불을 지필 수도 있다. 아이들이 인격체로 형성되는 과정에서 뭔가 잘못하게 될까봐 두려워서 그리고 어떤 경우에도 약점을 드러내고 싶지 않다는 바람 때문에, 모든 개인적 정체성을 벗어던지고 '특징 없는 사람'이 되어버린 부모와 교사들만큼 방해가 되는 것은 없다.[29] 개성을 희생시켜 정체성도 약점도 없는 인격이야말로 모든 교양이나 교육의 무덤과 다르지 않다.[30]

아동과 청소년은, 부모 혹은 선생님이 인지하고 있는 것을 바탕으로 자신을 비춰볼 줄 알고, 가까운 사람들이 자신에게 무엇을 통보할지 감지한다. 이와 같은 피드백은 그들에게 길을 안내할 수 있지만, 만일 그들의 부족함 혹은 부정적인 특성만 피드백하게 된다면, 오히려 의기소침하게 만들어버릴 수 있다. 이처럼 어른들로부터 칭찬이 아니라 꾸중과 비판만을 듣는 아동과 청소년들에게 무엇보다 필요한 것은, 그런 아이들도 발전할 가능성이 있다는 메시지를 어른들이 계속 전달하는 것이다(7장 참조). 누가 봐도 명백하게 문제아 같은 행동만을 하거나 이런 행동을 따라하는 아동 혹은 청소년들은 서서히, 자신들은 그렇게 태어났으며 다른 식으로 살아갈 수 없다는 확신을 하기에 이른다. 그러나 예를 들어 늘 폭력적인 소년에게 좋은 기회를 잡아서, 아이에게도 긍정적인 미래상이 있다는 말을 해주면, 기적 같은 효과가 생길 수도 있다.[31]

● ● ●

공격성

파괴적인 공격성[32]은 이 세상의 일부이며, 따라서 학교가 공격성으로부터 제외되기를 기대하는 것은 지나치게 순진한 발상일지도 모른다. 널리 퍼져 있는 견해와는 반대로, 신경생물학은 파괴적인 공격성이 인간의 '충동'이라는 점을 인정하지 않는다. 다시 말해 인간의 공격성이 본성에서 비롯된 생물학적 기본욕구라 생각하지 않는다.[33] 오늘날 우리는 사람이 공격성을 체험하고 공격성이 사라질 때 뇌의 어떤 영역이 활성화되는지 정확하게 알고 있다. 이것은 사람이 공포를 느끼면 신경생물학적으로 어떤 영역이 활성화되는지를 아는 것과 같다.[34] 공포와 공격성은 둘 모두 충동적 현상이 아니다(공포의 경우를 보면 보다 분명한데, 우리는 '공포충동'이라고는 결코 말하지 않는다). 오히려 공포와 공격성은 신경생물학적(그리고 심리적) 상태로, 특정한 조건에서 나타난다. 공포와 공격성은 생물체의 위험을 알리는 동시에 그 위험으로부터 보호할 수 있는 행동 프로그램을 가동시키라는 생물학적 신호이다.

공격성이 원래 가지고 있는 생물학적인 '의미'는 자신의 신체를 훼손당하지 않고 고통으로부터 보호하는 데 있다. 과학적인 실험을 해보더라도 그와 같은 결과가 나온다. 의도적으로 신체에 가하는 고통은 언제라도 공격성을 불러올 수 있고 공격성을 반복시킬 수 있는 유일한 자극이다. 하지만 인간의 공격성이라는 현상을 설명하려면 자극만 가지고서는 부족하다. 보다 깊이있는 이해를 위한 결정적인 돌파구가 된 것은 바로 미국의 여성 신경심리학자 나오미 아이젠버거가 실시한 2003년의 연구이다.[35] 그 연구 결과는 다음과 같다. **사람의 뇌는 신체에 가해지는 고통을 사회적인 소외나 굴욕과 같은 방식으로 평가한다. 결과적으로 사회적 소외나 굴욕, 즉 신체적·심리적 고통은 공격성으로 대답하게 된다.** 사회적으로 받아들여진다는 것은, 뇌가 인지하는 바에 따르면 신체적으로 손상을 입지 않은 상태에 속한다. 그러므로 배제나 굴욕은 심리적인 관점뿐 아니라, 신경생물학적 관점에서 볼 경우에도 잠재적으로 공격성을 초래할 수 있는 자극이 된다.

이를 바탕으로 사람들의 공격성이라는 현상에, 특히 학교에 등장하는 파괴적 특성에 접근해보자. 사회적인 수용을 경험해보지 못했거나 충분히 경험해볼 수 없는 아동과 청소년들은 이와 같은 결함에 — 무의식적으로 진행되는 메커니즘으로부터 — 매우 공격적인 행동으로 대응한다. 최근에 이루어진 청소년들의 삶에 대한 다수의 연구(폭력을 행사하지 않는 청소년들은 물론, 다양한 형태의 매우 심각한 폭력을 휘둘렀던 청소년들에 대한 연구)는 다음과 같은 사실을 입증했다. 즉 자라나는 아이들이 폭력적인 행동을 하게 되리라 예측하게 해주는 가장 강력한 두 가지 요인은, 폭력 체험 그리고 부족한 인간관계이다.[36] 가정 혹은 그룹에서 자신을 충분히 수용하지 않았던 경험을 포함한 모든 것은 사람의 뇌에 저장된다. 다시 말해 아이들은 사회적 배경에서 소홀하게 다루어졌던 경험, 모욕이나 폭력의 경험을 모두 자신 안에 축적해둔다.[37] 헬무트 호흐실트는 모욕적인 배제와 그로 인해 유발되는 학생들의 공격성 사이의 관계를 인상적으로 표현했다.[38] **학교는 청소년들에게서 관찰할 수 있는 공격적이거나 폭력적인 잠재성의 근원이 아니며 원인도 아니다. 하지**

만 학교는 그런 잠재력들이 펼쳐지는 영역이다. 그래서 학교는 더욱더 청소년들에게 소외되고 배척당한다는 감정을 강화시켜줘서는 안 된다.

이런 맥락을 고려할 때, 학교에 원칙과 규율을 더 많이 도입하자는 호소는 학교가 처해 있는 상황을 개선하는 데 아무런 도움도 되지 않으며, 실질적으로 효과를 낼 수 있는 출발점도 제공하지 못한다. 규율이라는 기만적인 보루에 매달리는 대신, 우리는 아동과 청소년들이 오늘날 자라고 있는 환경, 즉 친밀한 관계를 맺지 못하는 상황에 보다 더 효과적으로 대처해야만 한다. "교육에서는 규율이 핵심으로 다뤄져서는 안 된다. 모든 아이들은 다르며, 때문에 교육 담당자와 아이들 사이의 개인적인 관계가 중요하다."[39] 학교의 내부와 외부 모두에서 아동과 청소년들에게 필요한 것은, 좀더 많은 개인적 관심과 후원이다. 이와 같은 기능을 제대로 해낼 수 없는 가족이나 결손가정에서 자라고 있는 아동과 청소년들을 위해서는 모종의 후원이 있어야 한다. 즉 그들은 멘토나 교사들로부터 지원받을 수 있어야 한다. 이런 문제와 관련해서 도움이 될 만한 모델로 우르술라 폰 데어 라이엔(Ursula von der Leyen)의 방법, 즉 아이들과 부모들이 함께 보내는 시간을 늘리는 방법(우르술라 폰 데어 라이엔은 독일 가족부의 여성 장관이다. 현재 독일은 아이가 있는 가정에 14개월 동안 양육비를 지원하는데, 부모 중 한 사람 — 대부분 아버지

— 이 2개월간 아이를 돌보면서 파트타임으로 일하거나 직장을 쉴 경우를 전제조건으로 한다. 그런데 우르술라 폰 데어 라이엔 장관은 2개월 이상 아버지가 아이를 돌볼 경우에 양육비를 지원하겠다고 발표한 것이다.— 옮긴이)도 고려해볼 수 있다. 물론 이보다 더 중요한 것은 아이들을 돌보는 유치원을 비롯한 육아시설의 확충과 하루 종일 문을 여는 학교이다. 하지만 아동과 청소년들을 지속적으로 후원하기 위해서는 그 이상의 전제조건들이 필요하다.

2장

학교는 끔찍한 장소인가, '미래의 온실'[40]인가

Lob der Schule

다른 사람들에게 학교를 세워주는 자는, 자신도 그 학교에 다녀야 한다!

— 학생들끼리 하는 우스갯소리 중에서

장소는 우리가 의식하는 것 이상으로 사람들의 삶에 중요한 역할을 한다. 장소는 '닻'과 비슷하여, 우리가 그때그때의 장소에서 경험하고 있거나 과거에 경험했던 모든 것을 고정시켜둔다. 흔히 장소는 우리 삶의 특정 시점을 고정시켜두기도 한다. 이런 말은 그저 향수에 젖은 감상이 아니라, 신경생물학적인 배경을 가지고 있다. 집에서 일할 때 나는 작은 정원을 쳐다보곤 하는데, 그곳에는 몇 년 전부터 온갖 새들이 아무런 방해도 받지 않고 활발하게 돌아다니고 있었다. 그런데 어느 날 저녁이었다. 초여름이었는데, 귀가 멍할 정도로 시끄러워서 나는 창 밖을 내다보았다. 정원 한가운데 마치 국가의 문장(紋章)이 걸려 있는 듯 매 한 마리가 떡하니 자리잡고 있었다. 게다가 이 매는 아주 어린 지빠귀 한 마리를 잡아서 날카로운 부리로 콕콕 찍어 먹고 있었다. 지빠귀들은 매를 둘러싸고 미친 듯 울어대며 쫓아내려고 노력했으나, 매는 끄떡없었다. 나 역시 정원이 맹수들의 간이식당이 되는 게 싫어서 매에게 재떨이를 던졌지만 아무런 도움이 되지 않았다. 그런데 이런 일이 일어난 다음날부터 여름이 끝날 때까지 지빠귀들은 우리 집 정원으로 돌아오지 않았다.

장소는 아이들에게 엄청난 의미가 있다. 독일에는 대략 4만 2천 개의 공립학교가 있다.[41] 이곳에서 소녀들과 소년들이 하루에 여덟 시간에서 열 시간 동안 10년에 걸쳐 학창시절을 보낸다. 불쾌하고 혐오스러운 경험을 했던 장소는 우리에게 공포심을 불러일으키고, 우리를 계속 병들게 만들 수도 있다. 공포, 지속적인 소음, 조급함, 과도한 압박[42], 모욕, 속박과 폭력을 당할 것 같은 위험은 사람의 생물학적인 장치, 즉 스트레스 체계를 활성화한다. 공포감과 스트레스를 느낄 때 뇌에서 공포를 관장하는 센터[43]는 자극적인 신경전달물질을 방사하는데, 이 물질은 뇌에 있는 그 밖의 스트레스 유전자들을 활성화하고, 급기야 신체를 '경악을 알리는 오케스트라'로 작동하게 만든다.[44] 스트레스 시스템이 작동되는 학생은 학교에서 필요한 능력을 상실하게 된다. 다시 말해 주의를 기울이고 배우는 능력을 잃게 되는 것이다. 공포와 스트레스는 교육을 죽인다. 성적이라는 형태를 띤 비판과 피드백은 학생들을 자극할 수 있지만, 만일 그와 같은 피드백이 약점의 폭로, 모욕 그리고 제외의 수단이 된다면, 그것은 생산적인 도구와는 정반대인 공포심을 만들어내고, 그리하여 아동과 청소년들은 지속적으로 스트레스를 받아 성적을 향상시킬 수 없게 된다. 오늘날 학교는, 노래하는 지빠귀들이 한 마리의 매에 눌려 있는 게 아니라, 여러 마리의 매에 깔려 있는 정원과도 같다.

● ● ●

교육학적 원칙들 : 압력, 유연, 공명

하나의 관을 통해 물을 펌프질하기 위해서는 충분히 큰 압력만 있으면 된다. 이처럼 수압의 원칙을 사용하는 '블랙 교육학'은 아이에게 폭력적인 영향을 미치지만, 다행스럽게도 대부분의 학교에서는 이제 사라지고 없다.[45] '수압에 의한 교육학'은 교육받는 자세를 완전히 파괴하고, 천재를 만들어내지 못하는 것은 물론 병든 아이들만 배출해낸다. 그렇다면 어떤 대안이 남아 있을까? '유연한'

교육 원칙이란 연습을 통해서 교육받는 사람들을 형성하는 것을 목표로 한다. 그것이 독서든, 수학, 외국어, 스포츠 또는 음악이든 상관없이 어떤 능력을 획득하려면 이와 같은 요소가 필요하다. 우리가 자주 연습을 하면 그에 상응하는 신경세포망에 있는 뉴런의 연결을 극대화하게 되고, 이는 결과적으로 우리가 특정 능력을 계속해서 극대화하도록 해준다. 연습하는 사람이 일단 어느 정도의 능력에 이르렀다고 감지하면, 이 순간에는 매우 만족감을 느끼는데 이는 행복감이라고도 할 수 있다. 이와 같은 행복감은, 공을 드리블하는 것을 배웠건, 함수방정식을 풀었건, 외국어를 말할 수 있게 되었건, 뮤지컬 공연에서 배역을 맡았건[46] 간에 활동의 종류와는 무관하게 표출된다. 그러나 성공이라는 행복감을 느끼기 전의 연습 단계는, 동기라는 관점에서 관찰했을 때, 궁핍 기간이다.

부지런하다는 것 그리고 뭔가 배운다는 것은 결코 재미있는 일이 아니며, 상당히 불쾌한 순간들도 자주 경험하게 된다. 그러므로 부모와 교사들은 그렇듯 힘들게 연습하는 과정에서 아이가 절반쯤 하다가 힘들어 포기하지 않게끔 연습에 동반해줄 필요가 있다. 오로지 혹은 대체로 '수압에 의한' 원칙을 따른다면, 다시 말해 아이들에게 압력만 행사한다면, 그 과정은 반드시 실패하고 만다.

여기서 다시, 내가 1장에서 얘기한 바 있고, 이런 상황을 잘 조정할 수 있는 두 가지 신경생물학적인 조정나사가 등장하게 된다. 우선, 아동과 청소년들은 '관계'를 통해서 관심, 보충질문, 자극과 요구는 물론이거니와 비판, 참여, 도움과 용기를 얻어야 한다. 요구와 애정은 아이의 동기체계를 위해 가장 필요한 자극이다. 이때 교사뿐 아니라 무엇보다 부모가 필요한데, 특히 부모 중에서 일반적으로 이 문제와 비교적 멀찌감치 떨어져 있는 아버지들[47]이 필요하다.

두 번째 조정나사는 아이와 교사 사이에, 혹은 아이와 부모 사이에 거울처럼 상호 반사해주는 행동이다. 즉 교육자들(부모 혹은 교사)이 스스로 특정 문제와 목표에 열광할 수 있어야(전통적으로 내려오는 교과목이든, 창의적 영역인 음악, 연극, 미술, 혹은 체육이든) 그 불꽃이 아이에게 전달될 수 있다. 거꾸로 아이는 자신의 노력으로 말미암아 어른들에게서 비춰지는 반사를 통해 체험을 한다. 아이가 이런 반사를 알아차리게 되면 마법과 같은 일이 일어나는데, 그것이 바로 **공명**이다. 어른들과 학생들 사이에 공명을 이용하면 호기심과 열광이 고스란히 전달될 수 있다. 교육목표를 향해 가는 힘들고 긴 궁핍의 시기에 아이에게 배우고자 하는 동기를 부여하기 위해서는, 사람들 사이의 관계 그리고 이를 통해 유발되는 공명이 반드시 필요하다.

음악과 운동 : '삶에 대한 재미를 일깨워주기'

공명 체험은 어떤 형태로든 신체에서 자생하는 동기체계를 매우 효과적으로 활성화한다. 아이 혹은 청소년이 체험하는 공명은 어른이 아이에게 계속해서 관심을 갖고 지켜보겠다는 표시가 될 수 있다. 음악을 함께 연습하는 것도 이에 해당된다.[48] 여기서 음악이란 노래 부르기, 음악에 맞춰 몸 흔들기, 어떤 악기든 연주하기, 그리고 음악이나 멜로디에 맞춰 함께 움직이는 것(포크댄스, 랩, 춤 등) 등이다. 학교를 보다 활력있게 만들고자 하는 사람은 음악과 운동을 충분히 제공해야만 한다. 가령, 여러 영화제에서 수상한 다큐멘터리 필름 〈리듬 이즈 잇(Rhythm is it)!〉은 주로 베를린의 문제아들로 구성된 댄스 프로젝트팀을 관객들에게 선보여 이해를 불러 일으킬 수 있었다.[49]

하지만 아동과 청소년들이 좋아하는 대중적이고 현대적인 음악을 제공해야만 아이들은 음악에 열광할 수 있다. 아이들에게 재즈합창, 뮤지컬이나 랩 혹은 포크댄스를 가르치는 게 처음부터 낯선 클래식을 강요하는 것보다 더 낫다. 물론 이렇게 말한다고 해서, 일찍부터 클래식 음악에 대한 아이들의 관심을 계발하기 위해 가정에서 지원하는 음악 교육조차 금지해야 한다는 건 아니다. 음악

수업에는 다음과 같은 큰 위험이 도사리고 있다. 즉 청소년들은 불안한 기분 혹은 문제를 가지고 음악을 전혀 이해하지 못한 채 그냥 듣고만 있다는 느낌을 가질 수 있다. 이를 막는 것이 결정적으로 중요하다. 음악은 음표와 멜로디로만 이루어져 있는 게 아니라 리듬으로 구성되어 있어 누구나 접할 수 있기 때문이다.

운동 역시 음악으로 생겨난 공명의 경험과 마찬가지로 신경생물학적 동기체계와 관련이 있다. 동기란 처음에는 몸을 움직이고자 하는 욕구에 불과했으나, 인간이 진화하는 과정에서 정신의 원동력이 되었다. 이와 같은 연관성은 오늘날에도 뇌에 복사되어 있다. 즉 동기체계는 거침없이 몸을 움직이는 것을 가능케 하는 메커니즘과 '신경생물학적 자매'이다. 두 '자매'는 동일한 전달물질(도파민)을 이용한다. 우리 모두가 각기 경험을 통해 알고 있듯이, 만일 우리의 정신적인 동기가 마비될 것 같을 때 재미있게 몸을 움직이거나 운동을 하면 머리가 가뿐해져서 정신적인 노동을 다시 시작할 수 있다. 이는 아동과 청소년들에게도 유효한 말이다. 즉 그들은 광란할 수 있어야 하고, 학교는 그들에게 그렇게 할 수 있는 기회를 충분히 줘야 한다.

학교가 운동이나 체육과 관련해서 제공하는 것은, 양적으로는 물론 질적으로도 터무니없이 부족하다. 이것은 학생들의 생각만으로 그치지 않는다. 다른 중요 과목이 체육 시간을 대치하는가 하면, 체육 수업이 취소되지 않을 경우[50] 학생들은 주로 스톱워치를 이용하거나 미터를 측정하는 종목만 체험한다. 오늘날 체육이라는 과목은 대체로 과거에 군사훈련이 가졌던 이데올로기, 즉 단련을 해야 한다는 이데올로기가 약간 완화된 형태의 유물인 경우가 많다. 그리하여 소수의 학생들만이 철봉, 횡목, 높이뛰기, 던지기와 달리기에서 탁월한 두각을 나타내고, 그 밖에 '체육에 소질이 없는 학생'들은 교사와 학급 친구들로부터 늘 놀림의 대상이 되며, 중간 수준에 해당되는 학생들은 지루해하며 어쩔 수 없이 학습계획에 동참할 뿐이다. 아이들은 다른 과목보다 체육 시간에 훨씬 더 — 의도적이거나 혹은 그렇지 않거나 — 웃음거리가 되고 모욕감을 느끼게 된다. 어떻게 그와 같은 조건에서 — 매주 많아야 두 시간 동안 — 자신의 신체와 게임 그리고 운동에 대하여 기쁨을 느낄 수 있겠는가?[51]

체육 행사는 주로 오후 시간에 하되 이 시간을 절대적으로 늘리고, 음악과 그 밖에 다른 예술 행사를 할 가능성이 있는데, 그것은 현재의 학교가 아니라 종일 문을 열어두는 이른바 종일학교에서 할 수 있다. 규율이 아니라, 하루 종일 음악과 운동을 충분히 제공하는 것이[52] 살렘성 기숙학교와 같은 사립학교와 보통의 공립학교 사이의 결정적인 차이이다. "독일의 학교는 지식 전달을 지나치게 중요시합니다." 청소년 행동 연구가인 크리스티안 파이퍼 교수는 말한다. "오후에 여는 학교에 **삶에 대한 재미를 일깨우기**라는 제목을 붙여야 할 것입니다. 모든 것이 지적인 세계는 아니지요. 즉 학교에서 성적이 좋지 않은 학생도 골키퍼나 탁구선수로 탁월한 재능을 발휘할 수 있는 것입니다."[53]

● ● ●

반나절 학교의 불변성 :
분주함과 압박감, 교사가 일하기에 부적당한 직장

전혀 쓸모가 없는 것으로 입증된 교육학 원칙, 요컨대 압박에 바탕을 둔 수업에 의한 원칙은 지난 몇 년 동안 문화 사업을 담당하는 관공서에서 즐겨 사용하는 수단으로 발전했다. 경제계가 학교를 졸업한 학생들의 능력이 불충분하다는 근거있는 불평을 하면서 이를 개선해달라고 도움을 요청하자, 담당 공무원들은 학교에 압박을 가하는 것 외에 달리 손을 쓰지 않았다. 다시 말해, 이미 한계에 다다른 교사들에게 더 높은 성과를 요구했을 뿐이다. 이에 관한 예는 수없이 많다. 즉 교과과정은 줄이지 않고 재학기간을 9년에서 8년으로 축소했는데, 이는 오늘날 거의 동일한 내용을 훨씬 줄

어든 기간 안에 가르쳐야 한다는 뜻이다. 초등학교와 실업학교 교사들도 기적을 일으켜야 한다. 이미 초등학교 단계에서 아이들에게 제1외국어를 가르쳐야 하고, 탁월한 재능이 있는 아이들을 특별히 후원해줘야 하며, 이와 동시에 학습장애와 행동장애가 엿보이는 아이들과 이민가족이라 언어를 제대로 구사하지 못하는 아이들을 통합하고 지원해야 한다. 이런 모든 과제를 안고 있는 학교가 어떤 학교일지는 불 보듯 뻔하다. 현재 학교는 시간이 부족하여 정신없이 쫓기고 분주하며 끔찍한 장소가 되어가고 있다.

그리하여 악순환은 점점 늘어난다. 많은 교사들은 자신들의 직장을 끔찍한 장소로 생각하기 때문에, 수업이 끝나자마자 가능하면 빨리 학교를 벗어나고 싶어한다. 그 때문에 어떤 문제에 관해 학생들과 의견을 교환하거나 동료들의 협조를 구하는 중요한 대화와 회의 시간[54]이 최소한으로 줄어들었고, 그조차도 하필이면 힘든 오전 시간에 주로 이루어진다. 오전에 모든 것을 끝마치면 수업이 끝나고 학교 일을 더 이상 하지 않아도 된다는 계산 때문이다. 이렇게 서둘러서 처리하고 넘어가는 태도는 학교란 끔찍한 장소라는 교사들의 인식을 더 강화시킨다. 여기에 악순환이 겹치게 된다. 직장을 삶의 공간으로 인식하지 않고 악몽의 장소로 체험하는 사람은, 실제로 직장이 악몽이 되고 그런 상태가 지속되는 데 한몫을 한다. 게다가 그와 같은 견해를 가진 교사와 학생은 상대를 전염시킬 수 있다. 이런 열악한 환경에서 교육부나 지방단체가 할 수 있는 기여는, 바로 학교라는 직장을 교사들이 원치 않는 장소로 절대 만들지 않는 것이다.

● ● ●
'미래의 온실' 로서의 종일학교

오늘날 우리 사회에 필요한 변화 가운데 종일학교의 도입만큼 긴요한 것은 별로 없다.[55] **종일학교를 현재의 반나절학교처럼 광기에 근접한 소모적 과정의 연장쯤으로 받아들이는 사람은, 학교를 완전히 궁지에 몰아넣는 데 기여하게 될 것이다.** 종일학교는 비참한 처지에 있는 학교에 대안을 제공할 수 있고 또 해야만 한다. 일반 학교가 종일학교가 되려면 당연히 가르치는 시간을 늘려야만 한다. 그러나 이론적인 과목은 더 이상 넣어서는 안 된다. 종일학교의 우선적인 목표는 아동과 청소년들이 스포츠, 음악, 예술, 춤, 연극과 사회적 프로젝트에 참여하는 시간을 **획기적으로 늘리는** 데 있다.[56] 하지만 종일학교의 가장 중요한 장점들은 다음과 같은 것들이다. 숙제를 하는 것 외에도 대부분 창의적인 과목으로 채워진 오후 프로그램들은, 양심도 없는 대중매체 산업이 수십만 명의 아동과 학생들을 완전히 떠맡는 사태를 막을 수 있을 것이다. 종일학교는 여기에 참여한 모두에게 하루 종일 일할 수 있는 장소가 되어야 한다. 즉 학교를 벗어나면 학생들은 수업 준비를 할 필요가 없어야 하고, 교사들은 직업적으로 필요한 경우에 한해 약간의 일만 해야 한다. 종일학교를 구축하려면 수많은 프로그램들이 필요한데, 인원을 증원하고 무엇보다 건물을 증축해야 한다. 그런데 지방자치단체 홀로 이 재원을 마련하기란 매우 힘들 것이다.[57]

종일학교는 지금까지 방과 후 아이들에게 다른 기관에서 제공하던 일련의 것들을 제공하는 정박지의 역할을 해야 한다. 예를 들어 **청소년 음악학교**는 교실도 많고, 장비도 대체로 잘 갖추고 있어서 종일학교로 통합할 수 있다. 스포츠 단체나 트레이닝 장소에서는 학생들이 트레이너와 함께 북적거리며 연습해도 되는데, 왜 이런 곳들은 대부분 텅 비어 있는가? 앞으로 스포츠 단체와 음악학교는 학교와 서로 밀접하게 연계되어야 할 것이다. 학교는 삶의 공간으로 발전해야 한다. 학생, 교사, 부모에게 문화적으로 자극을 주는 장소이자 교육을 위한 실험실이 되어야 하고, '미래의 온실'로 발전해야만 한다.

많은 아동과 청소년들은 어려운 개인 사정이나 혹은 다른 문제가 생기면 여러 도움을 제공받을 필요가 있다. 그것도 학교에서 제공할 수 있는 것 이상의 것을 제공받아야 한다. 많은 학부모들은 자신의 아이를 보다 잘 이해하기 위해 혹은 그들과 더 잘 지내기 위해 충고와 도움을 찾는다. 왜 **교육상담소**가 학교 내에 혹은 근처에 있지 않고 교회나 지방자치단체의 건물에 있는지 의문스럽기 짝이 없다. 그런데 뮌헨의 한 학교에서는 몇 년 전부터 교육상담소를 운영하여 아주 큰 성공을 거두고 있다. 현실적으로 급히 상담을 받아야 하지만 수치심과 두려움으로, 혹은 포기하고 싶은 마음과 우울한 성정으로 상담소를 찾지 못하는 부모들도 많다. 무엇보다 실업학교 교사들이 학부모들과 상담을 하고자 하면 아무도 만날 수 없는 경우가 많은데, 바로 여기에서부터 학교의 가장 큰 문제가 일어나게 되는 것이다.[58] 이와 관련해서 비록 많은 학교들이 냉담하게 행동하는 데 익숙할지라도 그와 같은 상태를 받아들일 수는 없다. 이런 종류의 문제와 맞닥뜨린 학교들은 가정 방문을 위한 **사회봉사자들**(혹은 교사들도 괜찮은데, 물론 그럴 시간이 있어야만 할 것이다)이 반드시 필요하다.[59] 또 중요한 것은 **아동과 청소년들의 심리를 담당하는 시설과 학교** 사이에 보다 강력하고 능률적인 관계가 성립되어야 한다는 점이다. 아이들에게 정신적인 부담이나 장애가 있다는 근거가 있을 경우, 그런 시설에 아이들을 데려가면 된다. 마지막으로 많은 학교들은 **경찰의 폭력방지 담당부서**와 신뢰할 수 있는 공조

작업을 할 필요가 있다. 이를 위해선 특히 경찰서에 전문가들이 필요한데, 이들은 많은 학교가 직면하고 있는 잠재적 폭력을 해결할 수 있는 방안을 교육자들과 함께 모색해야 한다.[60]

3장

교사는 왜 예술가가
되어야 하는가

Lob der **Schule**

교사로 살아간다는 것은 영원한 낙관주의자가 되는 것이다.

— 필립 비글러, 1998년 '올해의 교사'

'규율을 찬양'하기 위한 자료가 필요하면, 각 정당 출신의 몇몇 — 흥미롭게도 모두 남자인데 — 정치가들의 주소를 찾아보면 된다. 이들은 최근 몇 년 동안 일괄적으로 교사들을 매우 폄하하는 발언을 했다. 대부분의 교사들은 가장 어려운 과제를 수행할 뿐더러 점점 더 많은 분량의 일을 떠맡고 있는데 비해, 부모들은 점점 더 적게 떠맡는 일이 있다. 바로 교육이다. 모든 직업이 그렇듯 교사들 가운데도 이단자들이 있다. 하지만 어떤 내무부 장관도 점점 줄어드는 경찰관 수 때문에, 교육부 장관이 교사들에게 하듯 공공연하게 부하들을 질책하지는 않는다. 교사들을 두고 장관의 입에서 '게으른 포대자루'라는 표현이 튀어나오기도 했는데, 이런 표현이 초래한 피해는 가히 폭발적이다. 이런 표현은 부지런하고 적극적으로 일에 임하는 대다수 교사들의 사기를 떨어뜨릴 뿐만 아니라, 무엇보다 학생과 부모들도 그와 같이 신랄한 표현을 쏟아댈 수 있기 때문에 해롭다. 교육과정을 이끌어가야 하는 사람인 교사들을 공격하고서 교육을 얼마나 향상시킬 수 있을지, 과연 정치가들은 그런 점을 생각해본 적이 있는지 모르겠다.[61]

교사들이 '게으른 포대자루'라는 말은 모든 정치가들을 '부패한 무리'라고 폄하하는 것과 마찬가지로 잘못되었다. 내 연구팀들이 바덴 지역 남부에서 일하는 교사들을 대상으로 조사한 결과, 교사들은 매주 평균적으로 최소 51시간을 일하고 있다.[62] 또한 이런 조사를 하는 중에 교사들에게 질문한 결과 3분의 2가 그보다 더 많이 일할 준비가 되어 있다고 답했다. 개별적으로 실시한 두 차례의 연구에 따르면, 교사들의 20퍼센트가 스트레스성 질환을 앓고 있으며, 이 질환은 종류와 정도에 따라 판단하건대 의사의 치료가 필요한 상태였다.[63] 이런 연구 결과는 우리의 다른 조사 결과를 고려해보면 전혀 놀랄 일도 아니다. 즉 1년 동안 모든 남녀 교사들 가운데 대략 절반이 일을 하는 동안 심각한 모욕과 위협을 받았거나 심지어 실제로 폭력을 경험했다. 그런 점에서 최근 호르스트 쾰러 대통령이 했던 말, 교사들이야말로 '일상의 영웅들'[64]이라는 표현은 지금까지 학교 교육에 관해 독일 정치가들의 입에서 나온 말들 가운데 가장 현실에 가깝다. 1998년 4월에 빌 클린턴 대통령으로부터 백악관에서 '올해의 교사' 상을 받는 영광을 누렸던 필립 비글러는 이런 말을 했다. "교사로 살아간다는 것은 영원한 낙관주의자가 되는 것이다."[65]

● ● ● ●
좋은 수업을 성공시킬 수 있는 비밀 :
교사와 학급의 관계

교사만큼 다양한 능력을 요구받는 직업도 별로 없다. 전문지식은 기본이고, 강력한 카리스마와 끊임없이 변화하는 상황에 유연하게 대처하는 적응력은 물론 직감적인 감지 능력도 필요하며, 전혀 다른 학생들의 성격에 대한 이해심, 저항력, 역풍이 불어닥칠 때 이를 잘 다루는 능력 그리고 무엇보다 리더십이 필요하다. 교육 노조와 교사 노조 그리고 주 정부 교육부 회의가 공동으로 발표한 성명 일부를 살펴보자. "교사들은 수업과 교육의 전문가들이다. 계속 변하는 사회적 조건들과 오늘날 학교의 임무를 고려할 때, 그들은 점차 자신들을 네트워크의 한 부분으로 이해하고 있다. 이 네트워크에서 교사들은 예를 들어 학교 사회봉사자, 사회교육자, 심리학자는 물론 학부모와 학자들과 대화하고 협조한다. 이와 같은 배경에서 현재의 직업상(像)에 새로운 요소를 고려하는 것을 포기할 수 없다."[66] 물론 위의 내용을 좀 덜 관료적으로 표현할 수도 있다. 미국계 아일랜드 작가이자 30년간 교사로 일한 프랭크 맥코트는 이렇게 말한다. "교사는 예술가가 되어야 한다. 그는 자신만의 스타일과 목소리를 가져야만 한다. 진정한 권위란 불가사의라 할 수 있다. 인격, 감수성, 지식, 기분이 혼합되어 있다. 언제 압력을 가해야 하고 언제 그러면 안 되는지에 대한 본능 역시 그에 속한다. 많은 교사들은 위협과 공포심을 수업의 수단으로 이용한다. 그러나 학생의 주의를 끌고 그들이 규율을 따르게 하려면 격려의 말과 영감이 필요하다. 나는 이를 통해 더 큰 성과를 거둘 수 있다고 믿는다."[67]

나는 흔히 교사라는 직업을 의사라는 직업과 비교하곤 한다. 의사는 교사와 비슷한 요구사항에 직면하게 되는데, 이들은 전문지식만 갖고 직업에 임해서는 안 되며, 전문지식과 더불어 자신의 풍부한 개성도 함께 고려해야 한다. 정신과에서 전문의 교육을 시킬 때 몇몇 프로그램은 신체의학적인 전문지식 외에 환자와 관계를 잘 형성할 수 있는 능력을 가르친다. 정신과 분야의 전문의는 이미 몇 년 전부터 젊은 의사들뿐 아니라 경험있는 동료들(이른바 발린트-그룹[68])에게 효과적인 대화 방법과 인간관계 기술을 가르치고 있다. 이런 까닭에, 심리학 전문가들이 가진 능력을 교사들도 사용해야 하고 발린트-그룹과 같은 직업교육을 제공할 필요가 있다. 그리하여 나는 능력있는 동료들(의사들과 심리학자들)과 함께 오래전부터, 발린트-그룹을 모델 삼아 교사-코칭 그룹을 결성하였고, 이로써 교사라는 직업이 당면하는 의문과 문제를 해결하려는 노력을 시작했다.[69] 그리고 이로부터 책임감있게 해결해야 하는 교사의 과제들이 많이 나오게 되었다.

교사라는 직업은 아이들에 대한 이해심있는 애정과 지도 사이에 균형을 유지해야 한다. **이해심있는 애정**이란, 개별 학생을 학습능력(혹은 뒤떨어진 학업 성적)이라는 측면에서만 보는 게 아니라, 무엇보다 사람으로 볼 줄 알아야 한다는 것을 의미한다. 이를테면 학생의 동기, 노력, 태도, 감정적인 장점과 문제점을 인지해야 한다. 이해심있는 애정으로 대할 때 교사는 아이들에게 상처를 주거나, 그들을 모욕하고 웃음거리로 만들지 않도록 주의해야 한다. 교사로서 아이들을 **지도**한다는 것은 다음과 같은 과제를 수행해야 할 필연성을 의미한다. 이를테면 가치관을 대변하고, 목표를 정하고,

학생들에게 요구하고, 교사로서 용감하게 이와 같은 요구사항들을 옹호하며 비판도 하고, 이때 학생들을 비판하면서 용기도 북돋아 주고, 노력하는 학생들을 지원해주는 과제를 맡아야 하는 필요성 이다.

대부분의 교사들은 직감적으로 이해심있는 애정과 지도 사이에 균형을 찾지만, 이와 반대로 어려움을 느끼는 교사들도 많다. 어떤 교사들은 경직되고 형식적이며, 흔히 냉소적인 지도자의 역할로 무장한 채 학생들을 감정적으로 대하지 못하고 그리하여 동기도 부여하지 못한다. 이런 교사들은 공포심을 가지고 있고, 수업을 인간적인 측면에서 이끌어가야 한다는 말을 들으면 그만 학생들을 통제하지 못한다. 반대로 또 다른 교사들은 한 측면만 지극히 발달하여, 이를테면 이해심있는 '테레사 수녀'의 위치에서 행동한다. 그러다보니 지도라는 측면은 소홀히 하게 된다. 이런 교사들은 학생들로부터 동조를 얻지 못하게 될까봐 두려워서 불쾌할 수 있는 일들은 아무것도 하지 않는다. 비극적이게도 학생들은 이와 같은 태도를 전혀 존중해주지 않아서 결국 이렇게 행동하는 교사들은 대체로 파국을 맞이한다. 아동과 청소년들은 이해심과 지도, 두 가지 모두를 원한다.[70]

이해심있는 애정과 지도의 조화로운 균형은, 학생들을 사람으로 대할 줄 알 뿐 아니라, 스스로를 사람으로 인지할 줄 아는 교사라면 누구든 성공할 수 있다. 그러니까 '고유한 성격이 있는 사람'이자 행동하는 교사, **즉흥적이며 신뢰할 수 있는 사람**이어야 한다. 그와 같은 교사들은 수업을 시작하는 처음 몇 분부터 학급과 접촉한다. 수업이 시작되는 처음의 몇 분은 두 사람이 학교 밖에서 개인적으로 만날 때의 첫 순간처럼 결정적으로 중요하다. 파티에서든, 사업 파트너와의 미팅에서든 혹은 의사가 환자를 만나는 진찰실에서든, 얼굴을 마주한 후 최초의 몇 분 동안 관심있게 인지하고 즉흥적으로 '관여하는' 태도가 앞으로의 분위기를 결정하게 된다. 가르치는 교사들도 마찬가지이다. 결석한 아이들이 누구인지 묻거나 공책을 집에 두고 온 문제로 수업 시작 시간을 망치는 대신, 지체하지 않고 아이들과 주도적으로 커뮤니케이션을 시도해야 하는 시점이 바로 수업을 위해 교단 앞에 올라가서 아이들 앞에 막 섰을 때이다.

수업 시간 동안 교사와 학생들 사이에는 말로 하는 대화 외에 말이 아닌 것들이 오고 갈 때도 많다. 특히 교사들의 목소리와 신체언어를 거쳐서 말이다. 학생들은 그와 같은 비언어적 표시를 통해 직감적으로, 자신들 앞에 서 있는 사람이 자의식있게 행동하는지 혹은 두려움을 갖고 있는지, 당황하고 있는지, 숨고 싶어하는지, 빨리 수업이 끝나길 원하는지 그 누구보다 잘 간파한다(4장 참조). "저는 학생들을 늘 '명중시킬 곳을 찾아다니는 로켓'이라고 불렀습니다." 앞에서 언급했던 프랭크 맥코트는 이렇게 말했다. "흔히 간과하는 게 있습니다. 그건 바로, 학생들이 전문가라는 사실이지요. 그들은 교사가 오고 가는 것을 봅니다. 그들은 당신을 뚫어지게 보고 즉각 추정할 수 있어요. 그러니까 당신이 움직이는 방식, 교실로 들어가는 모습을 통해서 말이죠. 당신의 목소리를 통해 그들은 당신이 수줍어하는지 아닌지, 당신과 잘 해나갈 수 있을지 혹은 당신을 적으로 삼게 될지를 간파할 수 있습니다."[71]

유감스럽게도 이와 같은 중요한 측면들은 교사들의 교육에서 고려되지 않는다. "우리를 교사로 교육시켰던 사람들은 대학에 있는 교수들이었습니다. 그들은 결코 학교를 학교 내부에서 보지 않았습니다. 그들이 말한 것은 철학이지요. 그 어떤 것도 교사가 되어 학생들을 가르칠 때 도움이 되지 않아요. '이게 바로 당신이 가르칠 학생들이 있는 교실이니까, 들어가시죠' 하는 식이지요." 맥코트의 이야기와 비슷한 내용을 나는 수많은 교사들로부터 들었다. 이미 교직에 몸담고 있지만 이 영역에서 뭔가 보충하고자 하는 교육자들은 대학으로 다시 갈 수도 없는 노릇이다(왜냐하면 그에게 필요한 지식들은 오늘날 대학에서 얻을 수 없기 때문이다). 이런 영역에서 뭔가를 더 배우고자 하는 교사들은 이미 언급했던, 자격있는 진행자가 이끌어가는, 프라이부르크 모델과 같은 교사-코칭 그룹을 찾을 수밖에 없다.[72] 교사들에게 제공되는 프로그램은 '건강한 날들'[73]이라는 제목의 하루 행사로, 오전에는 이 행사에 보다 적극적으로 참여할 수 있도록 동기를 부여하는 코치들의 세미나가 있고, 이런 세미나가 끝나면 참석한 교사들의 토론이 이어진다. 오후가 되면 여러 개의 워크숍이 동시에 진행되는데, 목소리 조절(음성 전문가가 지도), 수업 시간의 바디랭귀지(배우가 지도) 혹은 관계맺기에 어려움이 생겼을 때 이를 다루는 법(자격있는 심리치료사가 지도) 등을 배울 수 있다.

●　●　●

학부모와의 관계

학부모는 '학교 체계'에 통합되는 참여자이다. 그들은 흔히 자신들이 잘 알지 못하는 불투명한 기관에 아이들을 맡기는데, 무엇보다 학창시절에 대한 기억이 좋지 않은 부모들에게 이런 기관은 두려움과 편견을 주게 된다. 그러므로 교사들은 학부모와의 접촉을 피해서는 안 된다. 아동이나 청소년들에게 문제가 발생한 연후에야 비로소 학부모와 접촉하려 해서는 안 된다. 물론 그런 접촉이 항상 즐거운 일은 아니겠지만 일찌감치 시도해야 한다. 바로 이런 경우에도 이해와 지도라는 원칙이 적용된다. 학부모들에게 면담 시간에 나와달라는 요청을 할 때는, 자신들이 뭔가 잘못했기 때문에 학교에 불려가는 것이라고 느끼지 않도록 교사들은 항상 조심해야 한다. 따라서 교사들이 학부모에게 아이의 이익을 위해 협조해야 할 필요가 있다고 암시를 한 다음에 대화를 시작하는 것이 양측 모두에게 도움이 된다.

다른 한편으로 교사들은 학부모에게 지도력을 보여줘야 하는데, 이 말은 교만하거나 잘난 체하라는 게 아니라, 수업은 어떻게 구성되어 있는지, 어떤 규칙이 있으며 목표는 무엇인지를 분명하게 보여줘야 한다는 의미이다. 지도력을 보여줘야 한다는 말은, 버릇없는 아이를 학교에 보낸 학부모들에게 학부모회의나 다른 기회로 만났을 때 흥분하지 말고 차분하게 진실을 숨김없이 말해줘야 한다는 뜻이다(흔히 그렇듯 학급의 상황을 미화시키는 대신에). 교실에 있을 때뿐 아니라 교실을 벗어났을 때도 사회적인 규칙들을 잘 따라야 한다는 것을 학부모들이 아이들에게 지속적으로 가르쳐주지 않으면, 교육과정은 성공할 수 없다는 점을 교사들은 학부모에게 분명하게 말해줘야 한다.

교육적인 조치만으로는 부족하기 때문에 전문적인(심리적 혹은 의학적) 치료를 받아야 하는 매우 심각한 학생들도 많이 있다. 이런 경우에 문제를 가진 학생이 속한 학급을 가르치는 교사들은 서로 의견을 수렴하고(교장과도 의논한다), 그런 다음 아이를 전문가에게 검사받게 할 생각을 해본 적이 있는지 학부모에게 물어보아야 한다. 그러면 늘 그런 것은 아니지만, 하찮은 일이라고 가벼이 여기거나 부인하는 반응을 보이는 학부모도 있다. 그렇다고 해서 학교가 이 문제에서 손을 떼면 안 된다. 만일 아이의 상태가 전문가의 도움이 필요한 게 분명하다면, 학교는 아이 문제를 상의할 수 있는 전문가를 찾아가보라고 학부모를 설득시켜야 한다.[74] 만일 부모가 학교와 연락을 끊어버리면, 앞에서 언급했듯이 가정방문이 필요하며, 이런 문제에 관해 교육을 받은 교사들이나 학교 관련 사회봉사자(이런 사람들은 현재 매우 소수에 불과하다)들이 방문을 해야 할 것이다.

● ● ●

교사들의 관계

소위 말하는 연대 세력의 지원, 즉 옆에도 뒤에도 사람이 있어서 든든하게 자신을 지켜주는 것은 심리학적 연구와 의학적 연구에 따르면, 스트레스를 받아서 건강에 문제가 생겼을 때 가장 강력한 방어막이 되어준다고 한다.[75] 하지만 유감스럽게도 내가 관찰해 본 바에 의하면, 교사들 사이의 연대적 지원은 그리 탄탄하지 않다. 이 같은 현상에는 여러 가지 원인이 있다. 많은 교사들은 외부에서 관찰할 때 눈에 띄지 않는 갈등과 분열을 보이는데, 이런 갈등과 분열은 결국 연대감의 뿌리까지 침투해 들어간다. 이와 같은 균열들은 사방팔방에 뻗어 있을 수 있는데, 예를 들어 자유롭게 활동하는 교사들과 그보다는 엄격하게 행동하는 교사들 사이, 적극적으로 참여하는 교사들과 학교와는 거리를 두는 교사들 사이, 남자 교사와 여자 교사 사이, 학교 관리자들을 추종하는 교사들과 그들에게 적대적인 교사들 사이에서 볼 수 있다.

외부에서 제기되는 불평과 문제들은 교사들 사이에 이미 잠재해 있던 균열을 더욱 현실화한다. 학교와 같은 체계에서 피할 수 없을 뿐더러 반드시 일어나는 사건 중 하나는 교사들에게 전달되는 수많은 ― 유감스럽게도 부정적인 ― 피드백이다. 대부분은 학부모측에서 나오지만 학생들의 피드백도 더러 있다.[76] 과거에 교사였던 프랭크 맥코트의 말을 빌리면, 학부모들은 '열 추적 미사일'과도 같다. 즉 비난하기를 좋아하는 학부모들은 어떤 교사에게 가서 다른 교사의 험담을 하면 가장 효과적인지 직감적으로 알고 있다. 자신의 아이가 너무 엄격하게 다뤄졌다고 느끼는 어머니는(아버지도 마찬가지이다), 자유주의적인 교사들에게 본능적으로 더 끌리게 된다. 거꾸로 자신의 아이가 자유주의적인 교사로부터 배울 것이 별로 없다고 믿는 아버지는(어머니도 마찬가지이다), 좀더 엄격한 부류에 속하는 교사를 더 좋아하게 된다(6장 참조). 이와 같은 이유로 학부모들의 불평은 그 대상이 되는 교사들을 대체로 매우 어려운 상황에 빠뜨리게 한다. 왜냐하면 현재와 같은 조건에서 그런 불평들은 그렇지 않아도 교사들 사이에 존재하는 균열과 불화의 가능성들을 더욱 증폭시키기 때문이다. 불평하는 부모에게 ("우리끼리 하는 말이지만"이라는 형식으로) 불평의 대상이 된 동료 남자 교사를, 실제로 오래전부터 문제를 일으켜온 장본인이라고 누설해버린 여교사는 어쩌면 의식하지 못한 채 남자 교사에게 치명상을 입힌다. 왜냐하면 학부모는 그 소식을 다시 아이에게 말해 주고, 아이는 또 학우들 전체에게 말함으로써, 소문의 남자 교사는 자신이 속한 교사 그룹들 내에서 미움을 사 결국 아무런 존경도 받지 못하게 되기 때문이다.

남자 교사든 여자 교사든, 외부에서 흘러 들어오는 '분열의 원천'에 노출된 동료들은 점차 자신을 마비시켜가는데, 그처럼 서로를 파괴하는 과정으로부터 자유로운 교사는 아무도 없다. 그 결과 학교는 자신을 향해 쏟아대는 비판에 벽을 쌓을 수 없게 된다. 어떤 불평도 진지하게 받아들이게 되는 것이다. 그렇다면 이런 상황에서는 어떻게 해야 할까? 전문가적인 해법에는 두 가지 요소가 포함된다. 우선 모든 교사들은 학부모들이 아무리 격하게 비판하더라도 이를 감사하는 마음으로 받아들이고, 중립적으로 행동해야 한다. 두 번째, 나 역시 어떤 학교에서도 체험할 수 없었지만 다음과 같이 행동해야 한다. 즉 기능적이고 요구에 상응하는 '품질관리(Quality managements)'로 불만을 처리하는 것이다(6장 참조). 전문적인 품질관리 기준에 맞춘 절차에 따르면, 불만을 접수한 교사가 기록으로 남겨놓고, 교사들이 선출한 소규모 협의회가 불만의 대상이 된 장본인의 의견도 들으면서 그 기록을 조사해야 한다. 그와 같은 과정은 두 가지 결과를 가져올 수 있다. 첫 번째, 학교의 관리자들이 기록되어 있는 문서를 근거 삼아 불만의 원천으로 계속 등장하는 교사들과 대화를 할 수 있으며, 이런 과정에서 부당하게 비난받았다는 의심을 일소할 수 있다. 두 번째, 가볍게 밀고하려는 의도에서 터져나온 비난들은 짧은 시일 내에 중지될 수 있다. 불만을 터뜨린 사람은 자신의 말로 더 이상 음모를 꾸밀 수 없으며, 공개석상에 나와서 설명을 해야 한다는 점을 알기 때문이다.

좋은 교사가 될 수 있는 방법은 여러 가지다

교사들이 상호 제공하는 지원은 단순히 관료적인 조처(예를 들어 학부모의 비판을 다룰 때의 품질관리 절차) 하나만으로는 충분하지 않다. 외부의 간섭은 교사진 내부에 불화를 일으키는 것이 아니라 활성화할 따름이다. 외부의 개입이나 간섭은 늘 존재하며 이런 것들은 교사들로 하여금 대립으로 인해 일어나는 마찰 때문에 많은 힘을 소모하게 한다. 분열의 양상이 깊어지는 경우는 대부분 교사들의 다양한 교육 방식으로 인해 생겨난다. 간략하게 표현해보면 다음과 같다. 일반적으로 교사들 사이에 놓여 있는 가장 큰 도랑은 보수적인 입장에서 주로 엄격하게 수업하는 교사들과, 자유롭게 생각하며 수업에서 훨씬 여유있게 행동하는 교사들 사이에서 볼 수 있다. 이 두 '파벌' 사이에 끊임없이 싸움이 벌어지는 학교는 수도 없이 많다. 예를 들어 수업 시간에 학생들이 물병을 책상 위에 두고 마셔도 되는지, 혹은 남학생들이 래퍼 스타일 모자를 벗어야 하는지에 관한 문제를 두고 설전을 펼치는 식이다.

학교는 모두가 **공통적으로** 지켜야 할 대표적인 규칙들을 가지고 있어야 한다.[77] 동시에 교사들 각자가 **자신들만의 스타일**로 수업을 할 수 있어야 한다. 왜냐하면 이 방식이 그들이 보여줄 수 있는 가장 훌륭한 수업이기 때문이다. 만일 수업에 확신을 갖고 참여하며 학생들과 활발하게 접촉하던 교사가 갑자기 자신의 생각을 방해하는 것을 허용해야 한다면, 그는 더 이상 **자신만의** 적절한 수업을 계속할 수 없게 된다. 거꾸로 학생들의 요구를 잘 들어주면서도 그들의 주의력을 장악해서 수업하는 여교사 또한 마찬가지이다. 갑자기 그녀에게 누군가 권위적인 수업을 강요하면, 그녀의 수업은 망가져버리고 만다. 자신의 일을 개인들이 스스로 형성할 수 있다는 여지는 극도의 피로(burn out)를 막아주는 중요한 요소이다.[78] **교사들 내부에서 동료의식을 갖고 연대하며 서로를 지원할 수 있게 하려면, 무엇보다 좋은 교사가 되는 데는 여러 가지 방식이 있다는 사실을 인정해야 한다.** 수업에서 매우 확고한 태도를 취하는 교사가 아이들의 정신을 망가뜨릴지 모른다는 두려움은, 자유롭게 행동하는 교사가 학생들에게 아무것도 가르치지 못한다는 생각과 마찬가지로 지극히 부당하다. 좋은 수업을 결정하는 기준은 엄격함이나 자유의 정도가 아니라, 교사들이 학생들과 접촉하고 주의를 끌 수 있느냐이다.

● ● ●

자의식

나는 교사들과 함께 프로젝트를 진행하면서 항상 다음과 같은 말을 듣게 된다. "저녁 모임 혹은 파티에서 제일 두려운 순간은, 누군가 제 직업을 물을 때입니다. 제가 교사라고 대답하면, 주변 사람들의 얼굴이 허탈한 표정으로 변해버리거든요. 그리고 이어서 교사들의 무능에 대한 말이 나올 때도 많습니다. 그러면 그날 저녁은 기분이 엉망이 되죠." 많은 일을 하는 직업의 종사자들이 그런 식의 대우를 받는다는 것은 생각해볼 문제이며, 이는 무엇보다 그런 직업에 종사하는 모두를 폄하하는 정치가의 잘못이기도 하다. 만일 교사들이 그와 같은 상황에서 방어적으로 행동하고, 직업을 묻는 질문에 가령 "나는 언어학자입니다" 혹은 "나는 수학자예요"라고 대답한다면, 그들은 잘못 행동하는 것이다. 오히려 다음과 같은 대답을 해야 한다. "나는 최선을 다하는 교육자입니다. 나는 ○○ 수업을 하고 있고, 몇 년 전부터 학부모와 사회가 학교에 방치해버린 다루기 힘든 아이들과 함께 힘들게 일하고 있어요. 많은 경우 아무런 희망이 없는 아이들을 좋은 아이들로 만드는 데 성공한답니다! 그것이 내 직업이지요!" 만일 상대방이 이런 대답을 듣고서도 마음을 바꿔먹지 않고 조롱한다면, 나는 이렇게 말할 것이다.

"오해하실 필요는 없고요. 어쨌거나 제가 생각하기에 당신은 오늘날의 학교에 대해서 제대로 알지 못하는 것 같군요." 교사들 역시 자신을 바보 취급하는 사람들보다 그렇지 않은 사람들을 만나 대화할 권리가 있다.

하지만 특히 교사라는 직업을 갖고 그와 같은 이의에 반박하기란 말처럼 쉽지 않다. 사람은 아무런 감정 없이 좋은 교사가 될 수 없다. 바로 이 부분에서 교사라는 직업이 다른 많은 직업과 차별화되는데, 교사는 소수의 '천직'에 속하는 직업이고, 따라서 어느 정도의 헌신이 필요하며 자신과 과제를 동일시하는 자세가 중요하다. 바로 이런 점이 교사들의 건강을 위험에 빠뜨리는 지점이기도 하다. 즉 과제와 자신을 과도하게 동일시하는 위험이 도사리고 있는 것이다. 자신의 일에 헌신하는 교육자들은, 돌보는 학생들의 성적이 떨어지거나 혹은 공격적인 성향을 띠게 되면, 그것을 못 본 척하지 못한다. 분노하는 학부모 — 흔히 그들의 비난이 정당한지 충분히 조사하지 않는데 — 들이 등장할 경우에도 마찬가지이다. 교사들이 병들게 되는 '전형적인' 과정은 수년간 전력을 다하면서 진을 빼고, 이 과정에서 스트레스 체계가 지쳐버리는 것이다. 건강이 무너지게 되는 것은 이로부터 몇 년이 흐른 뒤에 일어나는 심각한 사건 때문이다. 대체로 학부모, 동료 혹은 상사와의 심각한 갈

등으로 인해 비난을 당한 교사는 지난 세월 동안 기울였던 모든 노력이 아무런 의미가 없다는 느낌을 갖게 된다. 질병이 시작되는 시기에[79] 질병 때문에 직장을 그만두는 경우도 드물지 않은데, 대부분 그와 같은 '보상위기'[80] 때문에 혹은 노력과 보상이 균형을 이루지 못하여 위기가 발생한다.

● ● ●
건강하게 직장생활 하기 :
적극적 참여와 거리를 두는 능력

그처럼 에너지를 소모하지 않기 위해, 교사들은 수년 동안 유지하고 있는 체력을 거의 무제한으로 소모했을 때 생길 수 있는 건강상의 위험을 인지하는 게 중요하다. 많은 사람들이, 교사들도 마찬가지인데, 직업상의 과제에 너무나 몰두하는 바람에[81] 언제 그리고 어디에서 자신들의 체력이 바닥나게 되었는지 감지하는 걸 잊어버리곤 한다. 그들은 몇 달 혹은 몇 년 동안 부족한 잠을 보충하지 않으며, 일상생활에서 필요한 회복[82]에도 소홀하기만 하다. 그리고 오랫동안 제대로 된 휴가도 즐기지 않는다. 이런 부류에 속하는 사람들은 자신들이 멈추는 능력을 잃어버린 것 같다는 말을 한다. 30년 혹은 그 이상 몸과 마음을 바쳐야 하는 직업의 경우, 사람들은 처음부터 그와 같이 마모되는 상황에 처하지 않도록 의식적으로 노력해야만 한다. 직업에 적극적으로 몰두하는 것은 좋지만, 항상 거리를 유지하고 교육자로서 자신은 교사 그 이상임을 인지하여 균형을 유지해야 하는데, 학교와 학급의 상태 혹은 수업을 받는 학생들의 성과와 일체감을 느끼지 않아야 한다. 참여적인 자세 외에도 주의해야 할 점은 거리를 두는 능력이다. 두 가지 모두 할 줄 아는 교사만이 병에 대한 저항력을 가질 수 있다.

직업에 모든 것을 바칠 준비가 된 자세 그리고 직장과의 일체감과 관련해서 모든 교사들은 세 가지 종류로 분류할 수 있다(우리는 조사를 하면서 규칙적으로 그와 같은 점을 확인할 수 있었다).[83] 우선 직장생활에 적극 참여하고 직장과 적당한 간격을 유지함으로써 균형을 잘 이루는 유형(건강 유형), 그 다음으로 자신을 충분히 돌보지 않고 직업과 자신을 동일시하며 직업에 정열을 바치는 유형(긴장 유형)이 있고, 마지막으로 아직은 직장에 자신을 바칠 상태가 아니라고 생각하여 애초부터 적극적으로 매진하고 참여하는 것을 두려워하는 유형(보호 유형)이 있다. 그와 같이 두려워하는 입장도 직업에 힘을 소진하는 것을 막아주지는 못하는데, 직장생활에서 긴장하거나 방어하는 태도도 에너지를 소모시키는 마찬가지이다. 하지만 그보다 더 중요한 점은, 두려워하며 방어적으로 행동하고 자신들을 일과 동일시하지 않는 직장인들은, 직업심리학자들이 '플로(Flow)' 느낌이라고 부르는 것, 혹은 행동심리학자들이 '자신의 작용력 체험'이라 부르고, 주로 심리의 역동성에 관심을 가진 심리치료사들은 '기능을 수행함으로써 얻는 쾌락'이라 부르는 감정적 만족감을 느끼지 못한다. 사이드 브레이크를 잡아둔 상태에서 차를 모는 사람, 즉 내면에서 자신이 맡은 과제를 진정으로 인정하지 못하는 사람은 모든 직장인들에게 주어진 보상의 일부분을 결코 체험하지 못한다. 직업적인 성공으로 얻을 수 있는 '환각 상태'를 결코 맛볼 수 없는 것이다.

● ● ●

정체성 : 사람은 자신의 본모습으로 존재해도 된다

건강을 유지하기 위해, 교사들은 (참여와 거리유지 사이의 균형을 이루는 것 외에도) 또 다른 균형을 잃어서는 안 된다. 자신들이 요구받는 역할에 필요한 적응과 사적인 정체성, 순수성 사이에서 균형을 유지할 줄 알아야 한다. 즉 교사들은 학생들의 가치를 존중해야 하는데, 바꿔 말하면 아동 혹은 청소년들을 비판해도 되지만, 모욕하거나 체벌해서는 안 된다는 뜻이다.[84] 학생들이 '정치적으로 올바른' 교사를 원한다는 생각은 치명적인 오류이다. 말하자면 까칠

한 면도 없고 긍정적이든 부정적이든 감정을 전혀 드러내지 않는, 그야말로 '특징 없는 사람'이 자신의 선생님이기를 바라는 학생은 결코 없다. 이런 유형의 교사들은 교육의 종말을 의미하는데, 왜냐하면 그처럼 '중립적인 기계들'로부터는 아무것도 나오지 않으며, 그들은 카리스마도 없고 따라서 학생들에게 동기를 부여할 수 없기 때문이다.

학생들은 어떤 일에 열정을 가지고 있고 뭔가에(이를테면 학생들의 성공에) 기뻐할 수 있는, 말하자면 감정을 보여주는 교사를 필요로 한다. 동시에 교사들은 분명하게 선을 그어둬야 하고, 비상시에도 그 선을 지켜야 한다는 것을 분명히 해야만 학생들이 언제 교사에게 연락해도 되는지를 감지할 수 있다. 진심으로 순수하게 직업에 종사할 수 있는 재능은 교육자로서의 카리스마를 상승시켜줄 뿐더러, 자신의 건강을 지킬 수 있는 요소이기도 하다.[85] 물론 나는, 교육부 공무원들과 학교 행정부, 그리고 많은 학부모들이 지속적으로 통제를 강화해서 마침내 교사들을 '정체성 없는' 상태로 만들어버릴까봐 두렵다. 만일 교사들이 학급에서 하는 개인적인 말들이 모두 통제받게 된다면, 그들은 점점 더 내적으로 담을 쌓고 '규정에 정해진 대로만 수업'을 하게 될 것이다. 나는 학교에 이보다 더 큰 위험은 없다고 믿는다. 프랭크 맥코트가 뭐라고 말했던

가? "교사는 예술가처럼 행동해야 한다!"

• • • •

학생들을 이해한다는 것 :
교사들은 학생들에 관해서 서로 이야기해야 한다

좋은 심리치료사들은 소위 조정그룹에 속해 있는 동료들을 정기적으로 만나서, 자신들의 어려움과 문제들을 서로 이야기한다. 이런 그룹에 속한 회원들은 늘 다음과 같은 과정을 체험하게 된다. 심리치료사 한 사람은 자신의 환자가 왜 호전되지 않는지 이해할 수 없어서, 이 환자의 경우를 그룹에 소개한다. 동료들은 이 사례를 함께 생각하고, 질문을 던지며 묘안이 떠오르면 얘기해준다. 동료들에게 사례를 소개한 심리치료사들에게는 흔히 새로운 그림이 떠오를 수 있다. 그리하여 환자와의 다음번 면담 시간에 진전이 있게 된다. 또한 좋은 의사들도 어려운 경우가 생기면 협의회에 의견을 요청한다. 그런데 교사들은 도대체 무엇을 하는 걸까?

교사들이 지녀야 할 적절한 반응이라는 관점에서 볼 때, **왜 혹은 어떤 이유로** 학생이 수업 시간에 냉담하거나 혹은 멍청한 태도를 취하는지, 또는 파괴적이거나 공격적인 태도로 발전하는지에 대해서 교사들이 어느 정도 정확하게 상상하고 있는가는 매우 중요한 차이를 만든다. 왜 학생이 하필이면 지금 갑자기 자신의 태도를 눈에 띄게 바꾸는지 그 배경을 예감하는 교사들은 쉽게 해결책을 발견하게 되며, 그 결과 적절하게 문제를 해결할 수 있다. 다시 말해, 그런 상황에서 압박감을 덜어주고 학생들이 다시 균형을 찾게 해준다. 하지만 심각한 문제이건 가벼운 문제이건, 문제를 가진 아이들을 이해해야 하는 교사가 혼자서 어떻게 해결해보고자 한다면, 동료와 의견을 교환하지 않는 심리치료사나 의사들처럼 과제가 매우 과중하다고 느끼게 된다. 이런 점은 충분히 이해할 수 있는데, 왜냐하면 자신이 그런 문제와 맞닥뜨렸다고 생각하는 교사는 대체로 매우 긴장하고 그 문제를 고민하느라 에너지를 상당히 많이 소모하기 때문이다(심각한 문제를 가진 학생들에게 무관심한 교사는 좋은 교사가 아니다).

어려움에 처한 학생들을 다룰 때 교사들 — 최소한 여섯 명은 되어야 한다 — 이 정기적으로(예를 들어 반 년에 한두 번씩) 특정 아동이나 청소년에 관해서 얘기를 하고, 정보와 경험을 교환하며, 아이디어를 내고 함께 생각하는 것은 큰 도움이 된다. 한 학생의 태도에 관해 묘사하면 이를 듣는 교사들은, 그 아이를 수업 시간을 통해 알고 있는지와 무관하게 놀라울 만큼 좋은 생각을 떠올릴 수도 있다. 이런 좋은 생각들을 수집하면, 이로부터 상당히 새로운 통찰력과 해결의 실마리를 찾을 때가 많다. 그와 같은 관점들을 함께 고민하지 않는 교사들은 비싼 대가를 치르게 된다. 즉 그들은 병이 들 때까지 문제에 처한 아이들과 마찰을 일으켜 결국 녹초가 된다.

학생들에 관해 교사들이 서로 상의하는 것이 당연하지만, 유감스럽게도 실제 이런 경우는 매우 드물다. 학교라는 장소는 늘 분주하고 혐오감을 느끼는 일이 자주 일어나므로, 수업이 끝나면 교사들은 서둘러 퇴근을 한다(2장 참조). 그리고 가히 광기에 가까운 사건이 터지면 그제야 교사들이 모이게 된다. 교사들이 체계적으로 정기모임을 갖고 개별 학생에 관해 얘기를 하면, 물론 시간이 소모된다. 하지만 이렇게 **하지 않으면** 나중에 더 많은 비용을 치러야 한다. **함께** 생각해서 해결책을 찾아볼 수 있는 문제를 처리하지 않고 장기간 방치하면, 수업에 방해가 될 뿐 아니라 무엇보다 교사들의 건강이 크게 해를 입는다.

교사를 병들게 하는 것은 문제와 개인적으로 싸우는 문화이다. "수업이 잘 진행되지 않을 경우, 많은 교사들은 수업을 개방하고 다른 사람들에게 문제를 솔직하게 털어놓는 걸 두려워합니다. 이럴 때 학교 관리자들이 도와주려는 태도를 보여야 합니다만, 이런 식으로 직원을 관리하고 팀워크를 발휘하는 분위기는 유감스럽게도 드물지요." 교사들의 건강 연구 분야에서 선구자들 중 한 사람인 포츠담 대학의 우베 샤르슈미트의 말이다.[86] 의견과 경험을 교환할 수 있는 많은 방법들이 있는데 동료 교사들끼리(서로 친분이 두터운 사이라면 가장 좋다) 수업을 참관하는 것도 하나의 가능성일 수 있다. 수업 참관은 서로를 감시하는 기능이 아니라, 자신의 행동 혹은 자신의 수업을 동료들은 어떻게 인지하는지를 경험하게 하는 기능을 한다. 그러나 학교를 감시하는 공무원들이 통제를 강화하고 교사들에게 공포 분위기를 조성하는 게 유행하는 한, 교사들 사이에 동료 간의 솔직함이나 협조 분위기가 조성될 리 만무하다.

교사라는 직업
─직업 선택과 교사 교육

Lob der **Schule**

가르친다는 것은 곧 배우는 것이다.

― 중국 속담

이미 대학 공부를 시작했고 특히 확실한 일자리를 찾는 사람은 교사가 되어서는 안 된다! 또한 재능 때문이거나 이런저런 전공에 관심이 있어서 이 직업을 선택한 사람은 자신의 행복을 걸고 도박을 하는 것과 같다. 왜냐하면 이런 사람은 몇 년 동안 셀 수 없이 많은 아동과 청소년들을 좌절시킨 다음, 아마 퇴직하기도 전에 병으로 직장을 그만두게 될 것이기 때문이다. 힘들었지만 성공적으로 마칠 수 있었던 직장생활을 만족스럽게 떠올리는 행복을 누릴 수는 없을 것이다. 모든 교사들 가운데 대략 3분의 1이 정신 질환

과 심신상관성 질환으로 퇴직하기 훨씬 전에 교단을 떠난다.[87]

교사가 되고자 하는 사람은, 하나의 전공 혹은 여러 개의 전공을 사랑해야 하고 잘해야 하며, 그 외 몇 가지 전제조건도 만족시켜야 한다. 즉 삶에 대한 기쁨을 가지고 있고, 사람과 접촉하는 걸 좋아하고, 사람들을 다루는 재능이 있으며, 아동과 청소년들에 대한 사랑이 있고, 가능하면 유머도 있어야 한다. 이와 같은 특징들을 갖고 있지 않음에도 불구하고 교사가 되고자 하는 사람은, 조금 극단적으로 말하자면, 고통을 저항 없이 감수하는 마조히즘적 측면을 가지고 있어야 하며, 불평하지 않고 수년간 시달릴 수 있는 인내심이 있어야 한다. 만일 이런 조건을 충족시킬 만큼 성숙되지 않은 사람이라면 순진하게 이런 종류의 직업에 몸담아서는 안 된다.

직업 교육 초기에 있으며 교사를 직업으로 고려하는 사람이라면, 조용한 방에 들어가서 자가 테스트 설문지[88]에 답을 해보고, 자신이 교사라는 직업에 적합한지 고민해봐야 한다. 또한 타인이 테스트해주는 질문지도 나와 있다.[89] 물론 타인이 테스트하는 방법, 그러니까 소위 평가 차원에서 치르는 이런 테스트들은 문제가 다분하다. 왜냐하면 테스트의 결과는 지원자뿐만 아니라, 그 테스트를 해주는 사람에게도 달려 있기 때문이다. 평가 작업의 경우, 기업 컨설팅 영역과 마찬가지로,[90] 다른 사람을 평가하는 데 필요한 자격과 풍부한 삶의 경험을 두루 갖추지 못한 사람들이 테스트를 실시하는 경우가 다반사이다.[91] 게다가 대학입학 자격시험을 금방 치른 젊은이들은 앞으로도 많이 발전할 수 있다. 때문에 나는 대학 입학생들을 대상으로 교직에 적합한지 아닌지 평가해야 한다고 말하는 사람들의 견해에 동의하지 않는다.[92]

● ● ●
원형 서커스장에 설 수 있는 기술

교단에 서는 일은 호랑이 조련사가 원형 서커스장에 등장하는 것과 어느 정도 비슷한 점이 있다. 만일 조련사를, 우리가 현재 독일에서 교사를 양성하듯 그렇게 교육시킨다면, 그들은 오래 살아남지 못할 것이다. 사람들은 조련사 지원자에게 오로지 야생동물의 생물학적 지식에 관해서만 온갖 정보를 제공하는 교육을 시킬 것이기 때문이다. 이를테면 동물이 어떤 단계를 거쳐 성장을 하게 되며, 날카로운 이빨과 두꺼운 모피가 생기는 때는 언제이고, 왜 특정 먹이를 먹여야 하는지 등등. 그리고 조련사 지원자에게 야생동물은 얼마나 높이 뛸 수 있으며, 어떤 기술을 익혀야 하는지에 관해서도 말해줄 것이다. 그런 뒤에 사람들은 그에게 서커스 사업에 대하여 한두 가지 얘기를 해주고 이 사업을 할 때 지켜야 할 규정들도 가르쳐줄 것이다. 이로써 조련사 한 사람이 뚝딱 하고 탄생한다! 그는 물론 몇 가지를 배우지 못했다. 즉 원형 서커스장에서 야생동물을 어떻게 다뤄야 하는지, 일할 때 동물들을 어떤 식으로 대해야 하는지, 어떤 징후를 주의해야 하는지, 동물에게 어떤 사인을 줘야 하고 예사롭지 않은 상황은 어떻게 극복해야 하는지 등등.

물론 아동과 청소년들을 지도하는 기술은, 쉭쉭 숨소리를 내는 야생동물로 하여금 불타고 있는 링을 통과하게 만드는 조련사의 기술과는 완전히 다르다. 내가 말하고자 하는 뜻은 이러하다. 교사 지원자들은 자신들이 수업에서 가르쳐야 하는 전문분야에 관해서는 많은 것을 경험하며, 심지어 아이의 발달심리학에 관해서도 몇 가지 배우게 된다. 하지만 그들에게 부족한 것은(이는 대학생들뿐 아니라, 이들을 가르치는 대학의 강사와 교수들에게도 해당되는 사항인데) 정작 학생들 앞에 섰을 때 필요한 실용적이고 사용 가능한 지식이다. 즉 관계를 맺을 수 있는 방법, 교사로서 학생들의 주의를 끌 수 있는 방법, 학급에서 역동적으로 흘러가는 과정들을 인지하고 건설적인 기여를 하며 문제가 생길 경우 적절하고 효과적으로 반응하는 방법에 대해 알아야 한다(3장 참조).[93] 최근에 교사 단체와 교육부 협의회에서 요구했던 사항("교사들이 개별 학생들에게 보다 더 집중할 수 있도록 교육받을 필요가 있다")은 아직 교사 양성 교육

에서 고려되지 않고 있다.[94]

교사가 될 준비를 하고 있는 대학생들은 전공 공부만 할 게 아니라 — 지금까지 정규 과목으로 배우지는 못했지만 — 다음과 같은 질문들도 숙고해봐야 한다. 즉 사람들 사이에 맺어지는 관계의 구성성분은 무엇일까?[95] 수업을 하면서 학생들과 성공적인 관계를 구축하려면, 교사인 나는 어떤 영향력을 가져야 할까? 학급에서 오는 신호(공공연한 신호와 은폐된 신호)를 나는 어떻게 인지하고 해석할 수 있을까? 장애가 있거나 혹은 파괴적인 행동을 하는 아이들의 동기(대부분 무의식적인)는 무엇일까? 내가 등장하는 방식은 어떤 역할을 할까? 아이들의 태도에 영향을 줄 수 있는 (공공연하거나 은폐된) 나의 언어적 신호와 신체적 신호는 무엇일까?

나는 이미 교사들이 언어적 수단뿐 아니라, 그들의 신체에서 나오는 신호, 태도, 움직임 그리고 모방을 통해 학생들의 주의력과 태도에 영향을 미칠 수 있다고 앞서 언급한 바 있다.[96] 그러나 이런 측면 역시 교사 지원자들을 위한 교육에서 소홀히 다뤄지고 있다. 때문에 나는 자가 테스트를 위해 몇 가지 중요한 점들을 소개하고자 한다.

교실에 들어가는 교사들을 위한 열두 가지 조언

하나 | 당신의 감정이, 당신이 '그곳에 있으며' 다른 사람들에 의해 인지되기를 원한다고 말하는지 확인해보라. 자신감있게 교실에 등장하면, 학생들은 교사의 그런 모습에서 자신감이 있다는 신호를 감지한다. 몸의 자세, 걷는 방식과 서 있는 방식을 통해서 당신이 진정으로 교실 안에 있다는 것을 보여주라.

둘 | 당신이 시간에 쫓기는지, 과도한 업무량이나 학생들로 인해 쫓기는 느낌을 가지고 있는지 체크해보라. 학생들은 교사들이 쫓기듯 서두르는지 아닌지를 인지한다. 학생들은 교사들의 빠른 걸음걸이나 경직된 신체 자세를 통해 이를 알 수 있고, 교사가 교탁 뒤에서 자신을 보호하는지도 안다.

셋 | 당신은 삶에 대하여 기쁨을 느끼는지, 그리고 일하는 동안 그 기쁨을 보여줄 수 있는지를 알아보라. 많은 교사들 사이에서는 무언의 원칙이 통용되는데, 부지런한 교사들은 기분이 늘 엉망이고, 기분이 명랑한 교사는 해야 할 일을 제대로 하지 않기 때문이라는 것이다. 만일 당신이 삶의 기쁨과 친절함을 보여줄 수 있다면,

학생들과의 접촉과 당신의 매력도 부족하지 않을 것이다.

넷 | 교실에 들어가는 행동에 대해 자신만의 의미를 부여하라. 시작하는 순간이 중요하다. 수업 시작 순간을 자신 없게 소모하지 않아야 한다. 서두르지 않고 조용하게 교실에 들어가서, 학습 자료를 교탁 위에 놓고, 자유로운 자세로 서서, 학생들에게 분명한 목소리로 인사를 하기 전 몇 초 동안 교실 전체를 둘러보도록 한다.

다섯 | "누가 결석했어?"와 같은 표현으로 시작을 망치지 말고, 인사를 한 뒤 우선 학급 분위기에 어울리는 접촉을 하고(내면의 독백 : "이들은 지금 어떻게 느끼고 있을까?") 학생들이 제일 먼저 당신에게 주의를 기울일 수 있는 어떤 말을 하라(예를 들어 "너희들 그것 봤어?" "너희들 그것에 관해 들어봤니?" "나한테 무슨 일이/그곳에 어떤 일이 일어났는지 알아?" 등등). 만일 당신이(최대한 3분에서 5분까지) 학급과 연계되는 데 성공했다면, 단호하고도 확고한 목소리로 학습할 자료로 선회하라("자, 이제 수업이다! 오늘은 말이야……").

여섯 | 수업 시간에 교사의 몸은 교실 쪽을 향해 있어야 한다. 교탁 뒤에 숨어 있어선 안 되며, 칠판에 무언가를 쓸 때도 아이들

에게 완전히 등을 돌려서는 안 된다. 당신이 말을 하는 동안에도, 항상 그때그때 떠드는 장소로 다가가도록 하라. 당신이 움직이는 방식은 학생들에게 강력하게 작용한다. 수업을 하는 동안에 당신은 항상 장소를 바꿔야 하지만, 커다란 동물들이 그러하듯 유유하고 당당하게 움직여야 하고 불안하게 움직이는 일은 없어야 한다.

일곱 | 학생들을 친절하게 대하되 환심을 사려고 하지 말라. 친절함은 다른 의도 없이 당신이 삶에 대하여 가진 좋은 감정 가운데 일부분일 경우에 한해서만 효과가 나타나고, 그 결과 학생들에게 매우 긍정적인 매력으로 발산된다. 만일 당신이 아이들의 호의를 얻고 싶다는 이유로 친절하게 대하고자 한다면, 차라리 친절하게 굴지 말고 진지한 상태로 있는 게 낫다. 그렇게 하지 않으면 학생들에게(이들은 직감적으로 알아차린다) 당신이 아이들을 두려워하고 있으며 쫓길 수도 있음을 보여주는 것이다.

여덟 | 칭찬하라! 하지만 당신은 분명한 목소리로 학습부진과 성적부진에 대해서도 언급해야 한다("이건 결코 좋은 결과가 아니야!" "나는 네가 더 잘할 거라고 기대했어!"). 조롱하거나 모욕을 주는 일은 결코 없도록 해야 한다. 어떤 아이도 웃음거리로 만들어서는

안 되며, 신랄한 표현을 사용해서도 안 된다! 학생이 무엇을 향상시켜야 하는지, 다음번에 당신이 학생에게 기대하는 게 무엇인지 정확하게 지적하는 것으로 충분하다!

아홉 | 성적이 나쁜 학생들이 감지할 수 있도록 당신이 그들에게 어떤 (긍정적인) 비전을 갖고 있는지 반복해서 말하라("넌 반드시 할 수 있다고 믿어. 너는 충분히 할 수 있어!" "만일 네가 그 점을 조금만 더 파고들면, 나중에 이런저런 사람이 될 수 있는 길이 반드시 열려.").

열 | 학생들과 규칙적으로 서로를 대하는 방식에 대해서 얘기를 나누고, 규칙과 가치척도의 의미에 대해서 대화를 나눠라. 어떤 상황에 처해 있는지 얘기 나누는 것을 아이들은 재미있어 한다. 학교 외부에 있는 경우를 예로 들고(그림이나 사진 등이 있으면 좋다) 이렇게 질문해본다. "이 남자/여자는 이런 상황에서 어떻게 느꼈을까?" "왜 이 여자/남자가 이런 일을 했다고 생각하니?" "이런 일을 당한 사람은 기분이 어땠을까?"

열하나 | 학부모와 얘기 나눌 수 있는 기회를 이용하라. 학부모 모임에 갈 시간을 내도록 한다. 그런 모임에 가면 관심과 이해심을

갖고 학부모들을 대하되, 환심을 사려고 할 필요는 없다. 자의식을 갖고 분명하게, 당신이 어떻게 가르치고 싶으며 어떤 규칙과 전제 조건들이 통용될지 말하면 된다. 학부모에게 공동작업을 요구하도록 하라.

열둘 | 당신만의 교육적 확신을 세계관으로 만들어서 그런 확신을 갖고 있지 않은 동료들을 적으로 만들지 말아야 한다. 좋은 선생님이 되는 데는 여러 가지 방식이 있다. 좋은 수업을 하는 것도 마찬가지이다. 그러므로 학교 외부로부터 공격을 받은 동료 교사들을 보호해주도록 하라. 외부의 비판을 감사하게 받아들이되, 중립적으로 인지하라. 정당한 비판은 학교 내에서만 얘기하라.

● ● ● ●

공격성

아동과 청소년들에게 공격성과 폭력이 형성되는 배경을 이해하게 되면,[97] 이들의 파괴적인 행동방식을 해결할 중요한 실마리를 찾을 수 있다. 말을 듣지 않는 학생들을 웃음거리로 만들거나 그들에게 암담한 미래가 있을 것이라고 예언하는 등, 학생들의 약점을 지적하여 통제하려는 시도는 비생산적이다. 왜냐하면 그런 시도들은 모욕인 동시에 공격성을 의미하기 때문이다(1장 참조). 좋은 관계를 형성하려면 잘한 것을 칭찬해주는 일 외에도, 학생에게 문제가 되는 측면과 그의 폭력적인 성향을 분명하게 지적하고 직접적으로 얘기해야 한다. 하지만 이때, 부정적인 태도가 학생의 고칠 수 없는 인격 가운데 일부라는 식의 견해를 전달해서는 절대 안 된다. 반대로, 학생이 교사가 자신에 관해 하는 말을 듣고 자신에게도 더 나은 능력이 있다는 비전을 알아차리게 되면, 문제가 되는 태도를 언급할 필요가 있다. 학생들은 비판을 듣는 순간에도 교사가 자신을 믿고 있다는 점을 감지한다. 설득력있는 비판이라면 교사는 더 열정적으로 비판해도 된다.[98] 그와 같은 비판은 진정한 관계일 때 나오는 표현으로, 학생들도 그 점을 이해하게 된다. 교사들은[99] 비전과 발전 가능성에 대한 자신들의 상상으로 자라나는 아이들에게 공간을 열어주는데, 이 공간에서 아이들은 발전할 수 있다(1장, 7장 참조).

학생들 사이에 공격적인 행동이 일어났다면 교사는 이를 못 본 척할 것이 아니라 그 장면을 보아야 한다. 학생들 사이에서 공격적 행동이나 폭력이 일어나는 순간에 위험을 줄일 수 있는 방법들 중 하나는 근접학[100]의 차원에서 관찰하는 것이다. 즉 교사들이 공간적으로 올바른 위치에서 그런 장면을 관찰하는 것이다. 소요가 일어날 것 같은 장소에 교사가 집요하게 다가가는 것이 중요하다. 물론 공격적일 것 같은 학생 혹은 실제로 공격적인 학생이 행동을 취할 수 있는 반경[101] 안으로 근접해서는 안 된다(폭력 자세를 취하려는 학생들은 그 같은 압박을 위협적으로 받아들이는 까닭에 폭력의 위험성이 더 높아진다). 자의식을 가지고 목표점을 향해 걸어가야 하며, 목소리는 분명하고 느릿하면서도 또렷하게, 부끄러워하지도 말고, 지나치게 날카로워지거나 이성을 잃어서도 안 된다. 바라보는 것은 중요하지만, 이때 개별 학생에게 날카로운 시선을 던진다거나 손가락으로 권총 모양을 만들어서 지적하는 일이 없도록 해야 한다. 그런 행동은 상황을 더욱 첨예화시키기 때문이다. 그러나 지체하지 말고 사건을 신체적 행동(위협적이거나 혹은 이미 위협을 해버린)의 차원에서 언어적 차원으로 돌리는 시도를 해야만 한다("잠깐! 도대체 여기 무슨 일이니?! 무슨 일인지 네가/너희가 설명해줬으면 좋겠다!"). 이런 행동이 처음부터 성공하든 그렇지 않든, 말로 다시 한 번 강조해야 한다("학교에는 분명한 원칙이 있어. 싸워도 되지만, 폭력은 안 된다는 원칙!"). 이는 교실이라는 공간에 말의 힘을 부여하기 위함이다("어떻게 하면 폭력을 사용하지 않고 분쟁을 해결할 수 있을까?"). 즉흥적인 중재가 효과가 없을 경우, 학생들이 분쟁 조정자를 정해둘 수 있다면 매우 도움이 된다.[102]

유감스럽지만 교사들을 직접 겨냥한 학생들의 공격도 더 이상 드물지 않다. 학교의 종류와 무관하게 교사들의 절반 이상이 수업 시간에 학생들로부터 상당히 모욕적인 방식으로 언어적 공격을 받은 경험이 있다고 밝혔다. 실업학교의 경우에는 대략 10퍼센트의 교사들이 학생들로부터 공공연하게 폭력적인 위협을 받는다고 한다. 물론 이와 관련해서 간단한 처방 같은 것은 없다. 교사들은 그와 같은 상황에서 감정적으로 폭발해서는 안 되지만, 그렇다고 두려워하며 공격적인 반응을 보여서도 안 된다. 모욕을 당했을 때 교사들은, 상대를 존중하는 질문을 하려고 노력해야 한다. "나는 이 학급에 있는 다른 학생들과 마찬가지로 너를 존중해! 너도 나에게 그런 존중을 보여주면 안 되겠니?" 하지만 어떠한 경우에도 공격적인 사건을 아무런 반응 없이 넘어가서는 안 된다. 최소한 다음과 같은 반응 정도는 보이는 것이 옳다. "방금 네가 한 말은 지금은 그냥 넘어가겠다. 하지만 내 생각에 네가 그런 말을 해서는 안 되기 때문에, 나중에 너와 함께 그 말에 대해서 이야기하고 싶구나."

교육을 받는 동안 일찌감치 학교에서 실습하기 : 대학생활을 학교에서!

교사가 되고자 하는 많은 대학생들은 — 유감스럽게도 3학년에 가서야 처음으로 실습을 하는데 — 실습을 단 한 학기만 한다. 하지만 실습을 마친 다음에 자신은 교사에 적합하지 않다는 확신을 갖게 되면, 그때 가서 전공을 바꾸기란 현실적으로 쉽지 않다. 따라서 실습을 지금처럼 시행해선 곤란하다. 대학에 들어온 첫 학기부터 일찍 경고해주는 체계가 있어야 하며, 그래야만 대학생들이 교직 적합성 평가 결과를 보고 놀라기 전에 스스로 자신을 평가할 수 있다.

내 생각에 의하면, 대학생들은 대학에 다니는 첫 해부터, 가장 좋은 것은 2학기부터인데, 학교에 파견돼 실습을 하는 기간이 있어야 한다. 이를 통해서 교사가 되면 어떤 일이 일어나는지 그리고 교사라는 직업이 정말 자신에게 적합한지에 관해 직감적인 인상을 받을 수 있어야 한다. 학생들은 실습기간 동안 각자 멘토와 함께 수업을 해봐야 한다. 그러기 위해서 그들은 이미 첫 학기 때 실습에 적합한 학교를 구하고 그곳의 멘토에게 연락을 취해 2학기에 하게 될 수업을 대학에서 미리 준비하고, 실습하는 학교의 멘토와 나중에 또다시 의논할 필요가 있다. 이를 위해 대학들은 첫 학기에 특별한 세미나를 열어야 한다.

교사들을 위한 교육이 가르쳐주지 못한 주제는 교사-코칭 그룹이 다뤄주고 부족함을 메워주고 있다. 우리는 현재 프라이부르크 대학의 교사 교육센터와 연계하여, 훗날 교단에 서게 될 대학생들을 위해 학급의 학생들과 관계를 형성하고 향상시키는 데 도움이 되는 과정을 개설할 계획을 세우고 있다. 하지만 관계 형성법이나 공격성을 다루는 법, 혹은 목소리나 신체언어를 사용하는 방법에 대해 많은 지식을 제공하더라도, 만일 대학생들이 지금껏 그러했듯이 자신들이 대면하게 될 세계, 바로 실제의 학교와 수업에 대해 체험할 기회가 없다면, 그 모든 것들은 허황된 이론으로만 남게 될 것이다. 의대생들은 이미 대학 초기부터 두 달씩 대학병원에서 일하고, 그 다음 학기에도 실습을 하는데, 이런 방법이야말로 매우 효과적이다. 한때 학생이었던 것만으로는 교사가 될 대학생들에게 충분하지 않으며, 그것은 한때 환자였던 경험이 의학적인 실습에 그리 도움이 안 되는 것과 마찬가지이다.

교사 교육이라는 영역에서는, 나의 동료이자 의사이며 신경생물학자이자 울름에 있는 '신경학과 학습을 위한 응용센터'의 소장을 맡고 있는 만프레드 슈피처가 오래전부터 강조하고 있는 요구사항을 적용할 만하다. 즉 학교는 대학이 되고, 대학은 학교가 되어야 한다! 의학 분야에서는 모든 대학병원이 그 지역에 있는 의대생들이 배우는 병원의 역할을 하듯, 교사를 양성하는 모든 대학들은 많은 학교와 연계할 필요가 있다.

5장

부모,
학교 밖 교육자

교육은 삶을 준비하는 게 아니라, 바로 삶이다!

— 존 듀이(철학자이자 교육자)[103]

부모들은 아동이나 청소년의 성장과정과 교육과정이 성공할지 실패할지의 문제에서 매우 중요한 역할을 담당한다. 문제는 자신들이 맡고 있는 역할의 의미와 기회를 인식하고 있는지, 만약 인식하고 있다면 이 역할을 이성과 감정을 총동원하여 해낼 수 있다고 믿는지에 달려 있다. 아이들이 학교에서 좋은 결과를 내기 위해서는, 아이들이 학교에 다니는 기간에 부모들이 하는 행동만 중요한 것이 아니다. 취학 이전에 부모들이 아이들에게 한 행동 모두가 중요한 영향을 끼친다. 따라서 부모를 위한 지침들은 취학 이전 시기도 고려해야 한다.

이런저런 점들을 지적하는 것보다 더 중요한 것은, 아무도 완벽하지 않다는 점이다. 이는 부모들도 마찬가지이며, 사실 완벽해야 할 필요도 없다! 부모들 역시 살아가면서 온갖 스트레스를 받고 있고, 때문에 어떤 상황에서든 항상 아이들에게 적절하게 대응할 수는 없다. 마찬가지로 '정책적으로 올바르며' 실수 없는 교육이란 있을 수 없다. 부모들도 교사들처럼 실수해도 된다. 학문적으로 검증도 안 된 '완벽한' 교육이라는 말보다 더 중요한 것은, 부모와 교사들이 늘 자신들의 의미를 의식하는 것이며, 책임을 기억하는 것이다. 그리고 부모는 아이들이 올바르게 성장하고 반듯하게 발전하도록 지원할 수 있는 방법에 대해 교사와 의논할 수 있어야 한다.

많은 부모들은 학교와 좋은 관계를 유지할 줄 안다. 하지만 그렇지 못한 학부모들은 두 가지 유형으로 분류된다. 우선 학교에 적극적으로 참여는 하지만 항상 학교나 교사들과 충돌을 일으키는 부모들이 있다. 두 번째 유형으로, 학교에 잘 나타나지 않고 특히 학교에서 접촉을 시도할 때면 절대 연락이 안 되는 부모들이 있다. 나는 여기에서 두 가지 유형의 부모들이 이렇게 행동하는 이유를 심리적으로 설명할 생각은 없다. 그렇게 되면 우리가 얘기하고자 하는 주제로부터 멀어지기 때문이다. 그럼에도 불구하고 이 두 가지 유형의 부모는 가족의 종류를 불문하고(결손가정, 남녀가 각자의 자녀를 데리고 재혼하여 생긴 가정 등등) 아이가 학교에 들어갈 때 생기는 변화와 관련이 있다. 아이가 학교에 입학하면 부모는 상당히 강력한 감정 변화를 겪게 되는데, 물론 이런 측면은 지금까지 잘 고려되지 않고 있다. 이때 발생하는 강력한 감정적 반응들은 이후 몇 년 동안 갖가지 문제의 온상이 되기도 한다. 아이가 학교에 입학하게 되면 소위 트라이앵글의 관계가 만들어진다.[104] 즉 지금까지는 부모와 아이라는 두 측면의 관계만 존재했다면, 아이의 입학으로 부모, 아이, 학교라는 세 측면의 관계가 생겨나는 것이다. 이로써 부모들은 학교라는 제도의 시야에 빠져들어가게 되고, 학교는 — 유치원과는 비교할 수 없을 정도로 많이 — 부모를 제외하고 아이에게 상당한 영향을 줄 수 있는 요소로 등장하게 된다. 교사들과 부모들은 교육적인 입장에서 서로 경쟁자의 관계에 서게 되고, 양측에서는 이런 점을 강하게 인식하게 된다. 게다가 양측이 항상 협조를 하는 것도 아니다.

성인들과 달리 아이들에게는 이와 같은 트라이앵글 관계가 낯설지 않은데, 이미 아버지와 어머니 사이에서 잠정적인 경쟁관계를 맺으며 자라왔기 때문이다. 즉 아버지와 어머니가 협조를 잘 하면 아이들은 가장 잘 발전한다(많은 점에서 아버지와 어머니의 견해가 다르다 하더라도, 심지어 이혼을 했더라도 마찬가지이다). 아이의 눈에서 보면 아버지와 어머니의 관계는 학교와 부모의 관계와 비슷하다. 둘이 서로 협조하지 않으면 아이는 좌절한다. 만일 부모가 학교를 신뢰하지 않는다는 것을 아이가 감지하거나, 부모가 아이를 교사들로부터 보호해야 한다고 생각하거나, 학교를 상대로 일종의 전쟁을 펼치고 있다는 것을 아이가 알게 될 경우에도 과연 아이는 학교를 믿고 동기를 부여받고 교육목표와 자신을 동일시할 수 있겠는가?

아이를 위해서는 한편에서는 동기부여, 그리고 다른 한편에서는 어른들의 적극적인 관계가 필요하다. 즉 아이는 — 신경생물학적 동기체계라는 관점에서 — 절대적으로 선생님을 위해서 배운다.[105] 하지만 아이는 자신의 부모가 존경하지 않는 교사로부터 전달받는 것은 아무것도 받아들이지 않을 것이다. 아이는 부모의 눈을 통해 세상을 본다.[106] 따라서 부모가 자식이 입학하기 전에 자신이 학교에서 겪었던 즐거운 순간과 멋진 체험을 얘기해주는 대신 학창시절의 끔찍한 경험을 얘기해준다면, 아이는 학교생활을 제대로 해낼 수 없을 것이다. 어떤 이유에서건 학교로부터 아이를 보호해야 한다는 것을 의식적 혹은 무의식적으로 전달할 경우에도 마찬가지이다.

● ● ●
학생의 동기에 영향을 미치는 부모의 태도

아동과 청소년들은 동기를 갖고 태어나지 않는다.[107] 동기란 태양의 빛을 받고 자라나는 식물과 비슷하다. 아이들의 동기를 자라게 하는 '태양'을 형성하는 것은 가까운 사람, 주로 부모의 관심과 주의 그리고 애정이다(다른 사람들이 부모의 자리를 차지할 수도 있는데, 당연히 아이와 지속적인 관계를 맺어야만 가능하다). 태양이 사라져버리면, 식물은 성장을 멈추고 죽어버린다.[108]

아이에게 관심을 보여주고 애정을 준다는 것은, 아이의 모든 욕구를 들어준다는 게 결코 아니다. 오히려 이와는 정반대이다. 자식들에게 모든 것을 허용하는 부모는, 집을 방문한 손님을 대하는 집주인과 비슷하게 행동하는 셈이다. 즉 주인과 인사를 하고, 냉장고에 있는 것은 무엇이든 먹거나 마시고, 원하는 것을 하면 되지만, 사라지면 더 이상 집에 들이지 않으려는 그런 손님 말이다. 아이에게 관심과 애정을 바친다는 것은, 아이와 대화를 나누고, 원하는 것을 물어보고, 동시에 아이에게 자신의 상상과 아이디어를 얘기해주고, 아이와 함께 뭔가를 시도해보고, 그때 아이가 어떻게 느끼는지 바라보고, 아이에게 자극을 주고, 비판도 하며 함께 일상을 살아가는 것이다. 그와 같은 태도가 바로 동기를 자라게 하는 '태양'인 것이다.

부모들은 세상을 보여주고, 아이들은 세상을 시험한다

부모가 아동 혹은 청소년을 대할 때는 조심성, 존중 그리고 가능하면 사랑을 담아야 한다. 하지만 오늘날의 많은 어른들이 자주 잊어버리는 아니 거부하는 사실은, 아이와의 관계는 결코 평행적, 그러니까 동등할 수 없다는 것이다. 좋은 충고나 제안은 하지 않고 무엇을 원하는지 아이들에게 끊임없이 질문만 해대는 부모는, 아이들을 부담스러운 상황에 빠뜨린다. 간단한 예를 들어 설명해보겠다. 만일 생일 파티를 열면서 아버지나 어머니가 아무런 놀이도 준비하지 않고 아이에게 계속 이게 좋은지 저게 좋은지 혹은 무엇을 하고 싶은지 결정하라고만 한다면 어떻게 될까? 오랫동안 아이들을 돌봐본 경험이 있는 사람이라면 누구나 아는 사실이 있다. 즉 어른이 아이에게 좋은 계획을 제안하고, 이어서 이 계획을 실행에 옮겼을 때 아이는 정말 좋아하며 흥분되는 경험을 할 수 있다는 사실 말이다. 일반화시켜보면 이렇다. **아이는 혼자서 세상을 개척할 수 없으며, 특히 아직 알지 못하는 일에 대해서는 결정을 내릴 수 없다.**

따라서 아이들과 관계를 형성한다는 말은 부모 측에서 좋은 아이디어, 분명한 상상과 충고를 통해 아이에게 우선 자극을 준 다음, 이를 시험해보게 한다는 뜻이다. 물론 중요한 것은 이렇게 한 뒤에, 부모의 제안들을 어떻게 실현시킬지에 관해서 아이와 대화를 나누는 것이다. 아이의 소망과 모순되는 것을 강요하면 이는 아무런 의미가 없다. 반면 아이가 싫다는 말을 하더라도 그때마다 부모가 잘못하고 있다는 의미는 아니다. 아동과 청소년들은, 불쾌감을 표현함으로써 부모(혹은 다른 가까운 어른들)의 마음을 바꿀 수 있는지를 시험하고, 삶의 불편한 측면을 피해 갈 수 있는지를 시험한다. 부모가 스스로 옳다고 간주하는 문제에서 너무 빨리 생각을 바꾸면, 이는 아이에게 해로우며, 아이는 점점 부모에 대한 존경심을 잃고, 부모가 자신을 약올린다고 알게 된다. 아이들이 실제로 문제가 있어서가 아니라 단순히 부모의 권위만을 시험하는 것인지, 아니면 아이가 정말 문제를 안고 있는 것인지를 구분하려면 아이의 입장이 되어 느껴보는, 이른바 감정이입을 할 수 있는 능력이 필요하다.

어려움에 처한 아이가 하는 모든 불평에 대해 금방 해결책을 찾아주고 뭔가 새로운 것을 제시하는 부모(혹은 가까운 어른들)는 아이에게 호의를 베풀려다가 오히려 피해를 주게 된다. 집중력과 지구력은 어른들이 지도를 해야만 배울 수 있는데, 예를 들어 부모가 아이와 **한 가지** 일을 오랫동안 하면 아이는 자연스레 지구력을 배우게 된다. 최근에 집중력장애가 늘어나고 있는데 그 원인은 무엇보다 아이들이 한 가지 일을 진득하게 하는 법을 배우지 못하고, 계속 새롭고 경쟁적인 자극과 제안들만 직면하게 되어 자신들의 주의력으로는 이를 감당하지 못하기 때문이다.[109] 아이가 뭔가를 배우기 위해서는, 우선 어떤 것(예를 들어 놀이나 과제)에 흠뻑 빠질 수 있어야 한다. 이는 함께 지도해주는 부모나 가까운 어른이 중심을 잡아줘야 가능하다. 이를 위해 아이에게 한계를 정해주고, 계속 새로운 자극만 주지 않도록 주의해야 하며, 모든 것에 무방비로 노출되지 않도록 걸러주는 자세가 필요하다.

아이 개인의 가능성에 적합하며 창의적으로 계발될 수 있는 제안을 해주고, 일정 시간 동안 한 가지 일만 하고, 어려움에 처하면 극복할 수 있게 도와주고, 아이가 놀이나 학습에서 올린 성과에 대하여 칭찬해주고 비판도 해주는 것. 이 모든 것이 바로 아이에게 관심있는 부모가 할 수 있는 일이다. 그 어떤 것도 부모를 대신할 수 없다. 그럼에도 불구하고 부모들 자리가 다른 것들로 점점 대체되는 현실은 우리 시대의 불행한 문제들 가운데 하나이다.[110] 자라나는 아이들을 몇 시간 동안이나 텔레비전 혹은 컴퓨터 게임 앞에 내버려두는 것은 아이들의 무한한 재능을 말살하는 행위이다.[111] 그것은 아동과 청소년들의 지성뿐 아니라 창의력과 감성까지도 위축시킨다. 최근에 이루어진 많은 연구 결과에 따르면, 아이들이 컴퓨터와 함께 있는 시간은 학교 성적과 비례하지 않으며,[112] 집중력장애를 앓는 아이들의 수와 비례한다고 한다.[113]

● ● ●
함께 식사하기

집에서 부모와 함께 혹은 부모 가운데 한 사람과 함께 식사를 하면 아동과 청소년들의 교육에 아주 긍정적인 효과가 있다는 사실이 과학적으로 증명되었다. 사람들이 지키고 있는 가장 오래된 의식들 가운데 하나는 함께 음식을 먹는 것이다. 그리고 이 함께하는 식사 과정에서 사람을 사람으로 만드는 가장 중요한 일들이 일어난다. 다시 말해 함께하는 즐거움, 연대감에 대한 체험, 상대를 보고 상대가 나를 보게 되는 일, 상호간의 참여와 대화가 일어나는 것이다. 실험에 따르면 일주일에 적어도 일곱 번 가족과 함께 식사를 하는 아이들은 일주일에 두 번 혹은 그보다 더 드물게 식사를 하는 아이들에 비해서 학교 성적이 눈에 띄게 좋았다. 게다가 그런 아이들은 마약에 손을 대는 경우도 적고 일반적으로 심신 상태도 양호하다.[114]

따라서 부모는 적어도 하루에 한 번은 아이들과 함께 식사를 하도록 노력해야 한다. 이때 텔레비전, 휴대전화, 컴퓨터는 적어도

30분간 꺼놓도록 한다. 부모는 식사를 하면서 아이들의 상태, 아이들의 체험, 생각을 물어보는 것이 좋다. 그리고 자신들에게 중요한 일이 무엇인지 아이들에게도 말해주고, 아이들이 약속한 과제를 실행했는지 물어봐도 좋다. 주로 저녁식사만 가족이 함께하는 경우가 상당히 많다. 하지만 부모 중 한 사람이(가령 아버지가) 아침에도 — 비록 짧지만 — 아이와 함께 앉아서 하루를 잘 보낼 수 있도록 용기를 북돋워준다면 그보다 더 좋은 일은 없을 것이다.

● ● ●

아버지

부모가 많은 시간 자식들과 함께하지 못한다고 말할 때 부모는 대부분 아버지를 가리킨다. 아버지들은 자식들과 친밀해질 수 있는 기회를 놓친다는 것이 무엇을 의미하는지 나중에서야 깨닫는 경우가 많다. 그러니까 자식은 성장해버리고 자신은 50세를 넘어섰을 때에야 비로소 그 의미를 발견하는 것이다. 많은 아버지들이 자식들과 적절한 관계를 구축해놓지 못했다고 깨닫는 바로 그 나이가 되어 건강이 나빠지고, 우울증과 중년의 위기를 겪고 심장 또는 혈액순환과 관련된 질병으로 고통스러워하게 되는 것도 사실 우연이 아니다. 지속적으로 좋은 인간관계를 유지하는 것이 건강

에 좋다는 점은 이미 학문적으로 증명되었으며, 아동과 청소년들
도 예외가 아니다.

아버지들은 자식들(특히 아들)이 자신을 필요로 한다는 것을 잘
인식하지 못하는데, 이는 매우 놀라운 일이다. 더욱이 아버지들은
좋은 부자관계가 자신들의 삶을 풍요롭게 해주고, 기대 이상으로
많은 것을 안겨줄 수 있다는 점을 잘 알아차리지 못한다.[115] 남자들
은, 최근에 독일 가족부의 여성 장관인 우르술라 폰 데어 라이엔이
현대적 남성에 대해 질문을 던졌듯이, 가족을 돌보고 책임을 지는
것도 남성적 정체성의 일부로 파악하는 게 좋을 듯하다. 직감, 감
정이입 그리고 감정상의 공명은 흔히 남성들의 강한 면에 속하지
않는다. 하지만 이것이 아이들과 좋은 관계를 맺는 데 방해가 되지
는 않는다. 아버지들에게도 감정이입과 공명 외에 관계를 맺는 데
도움이 되는 다른 능력들이 있기 때문이다. 즉 소박하고 단순하게
아이들과 공동으로 뭔가를 계획하고 시도하는 것이다.

● ● ●

그룹의 압박을 받는 아동과 청소년

부모는 아이에게(청소년에게는 특히) 유일하게 가까운 사람이 아
니며 또 그래서도 안 된다. 가족을 보충해주는 최초의 상대는 동갑

내기들이다. '또래집단(Peer Groups)'은 아동과 청소년들이 — 놀이는 물론 우정이나 최초의 관계라는 차원에서 — 삶이 어떻게 돌아가는지 시험해보는 연습장이다. 아이들의 놀이는 훗날 청소년들이 자신들의 동아리 안에서 체험하는 것과 마찬가지로 중요하며, 행동, 사고 그리고 대화를 시험하는 공간으로 없어서는 안 된다. 동갑내기들끼리의 접촉은 아동과 청소년들에게, 덧붙여 그들의 가족들에게도 기본적 욕구(정확하게 말하면, 신경생물학적인 기본적 욕구)를 발달시킬 수 있는 중요하고도 폭넓은 가능성이다. 그러니까 상대가 나를 봐주고, 주의를 기울여주고, 인정해주기를 원하는 욕구 말이다. 고대부터 사람들이 다른 사람들로부터 수용되기를 원해서 하는 의식들이 있는데, 공통된 표식도 그 중 하나이다. 공통된 표식은 특정한 태도일 수도 있고, 소속된 자들끼리 달고 다니는 배지가 될 수도 있고, 특정한 옷을 입는 것일 수도 있다.

청소년들은 집단에 소속되고자 하는 욕구가 강하기 때문에 감각적인 광고계와 소비재 산업의 특정 부문은 청소년들을 목표로 겨냥하여 특정 스타일을 멋지다고 암시하곤 한다. 이를테면 그들은 동일한 태도, 옷, 그 밖의 장식품을 통해 '동갑내기' 집단에 수용될 수 있는 모습을 만들어내는 것이다. 이처럼 아동과 청소년들의 무의식에 기업들이 자신들의 암시를 각인시키면서, 의류 산업의 마케팅 부서와 대중매체 산업은 제2의 교육자가 된다. 게다가 기업들의 이 같은 판매 전략은 아동과 청소년들에게 잠재되어 있는 논리도 활성화시킨다. 즉 여전히 보살핌이나 부양을 받아야 하는 사람들보다 (겉으로 보기에) 그럴 필요가 없는 사람이 더 인정받을 수 있다는 논리이다. 부양을 받지 않고 독립적이면 부양받을 필요가 있는 사람보다 더 쿨하다는 이와 같은 사고방식은 예나 지금이나 마케팅 전문가들을 크게 성공시켰던, 그야말로 정신 나간 생각이다. 특히 보살핌을 과도하게 받지 못한 미국의 청소년들을 유럽 청소년들의 본보기로 삼는 것은 위험하다. 기업들이 유럽의 청소년들에게 안겨준 것은 비싸고 요상한 패션만이 아니다.[116] 미국 빈곤층에 속하는 청소년들이 삶에 대하여(학교를 포함하여) 갖고 있는 비도덕적이고 냉소적인 태도도 유럽으로 수입된 것이다. 동일한 메커니즘을 통해 발생하는 그룹의 압박은 대중매체에서 떠드는 제품을 구입하라는 강요와 관련있다.

● ● ● ●

그룹의 압박을 견딜 수 있는 면역력 키우기 : 적당한 시기에 나누는 대화

부모라면 누구나 자신의 아이가 왕따를 당하고 동갑내기들로부터 조롱받는 상황에 처하는 것을 원치 않을 것이다. 트렌드와 유행을 따르고자 하는 마음이야 성인들도 마찬가지이다. 때문에 청소년들에게 성인들조차 받아들일 수 없을 정도로 가혹한 요구, 그러니까 유행을 따르지 말라고 요구하는 것은 별로 바람직하지 않다. 물론 부모는 아이가 어렸을 때부터 그리고 마음에 드는 것마다 모두 갖고 싶어할 때부터, (애정을 갖고) 마음에 드는 물건을 굳이 구입하지 않고 보기만 할 수도 있다는 것을 가르쳐야 하고 또 그럴 수 있다. 아이가 6세에서 10세 사이가 되어 그런 말들을 이해하기 시작하면, 기회가 생길 때마다 그룹으로부터 압박을 받을 수 있는 문제에 대해 친절하게 얘기해줘야 한다. 다시 말해 그런 현상에 빠질 수 있는 청소년 시기가 되기 이전에 말해줘야 하는 것이다.

아주 어릴 때부터 아이들에게 자신만의 의견을 가져야 하며, 다른 사람들에게 무조건 동조해서는 안 된다는 말을 해주는 편이 좋다. 특히 해를 입을 수 있는 문제라면 두말 할 필요도 없다고 말이다. 후자의 대표적인 경우는 마약 문제이다. 이 문제에 관해서도 부모는, 가정 밖에서 이 문제가 먼저 다뤄지기 **전에** 아이들과 의논해야 한다.[117] 부모는 자식이 6세에서 10세 사이가 되는 시기에 비판적인 자의식을 일종의 예방주사처럼 미리 접종해줘야 한다. 왜냐하면 아이들은 대체적으로 12세에서 18세 사이에 강력한 그룹

압박이라는 '위험한' 단계에 빠질 수 있기 때문이다. 대중적인 트렌드에 대한 비판적 자의식은 부모가 자식들에게 가르치기만 해서는 안 되며, 부모 스스로 그렇게 사는 모습을 보여줘야 한다. 이를 위해선 부모가 곁에 있어야 하며, 아이들을 위해 시간을 내어주고 지속적인 관계를 맺고 있어야 한다. 특히 사내아이와 청소년들에게는 아버지(혹은 아버지 대리인)가 곁에 있고 — 비록 부모가 이혼을 했더라도 — 계속 접촉을 하며 얘기도 나누고 정기적으로 뭔가 시도하는 게 중요하다.

● ● ●

대중매체 : "걔들은 그냥 놀고 싶은 겁니다!"

아동과 청소년들 사이에서 그룹의 압박보다 더 큰 영향력을 행사하는 것은, 1990년대 초반부터 대중매체를 통해 이루어지고 있는 일종의 '교육'이다. 그 어떤 이성적인 사람도 대중매체를 완전히 거부할 수는 없는데, 이는 대중매체가 제공하는 무한한 정보와 놀이 그리고 창의적인 아이디어 때문이다. 하지만 불행히도 대중매체는 좋은 것만 제공하지 않는다. 오늘날에도 여전히 폭력성이 강한 모델이 대중매체를 통해 청소년들을 위한 대중시장으로 침투하여 확고하게 자리잡고 있다. 처음에는 잔인한 폭력이 포함된 영화가 나타났고,[118] 나중에는 컴퓨터에서 킬러 게임이 점차 늘어났는데, 컴퓨터 게임을 할 때 청소년들은 지극히 현실적으로 짜여진 비주얼 세계에 등장하여 이곳에서 — 손에는 게임기를 잡고 — 행동하는 주인공이 된다. 이런 역할을 하면서 그들은 많은 선택을 할 수 있다. 즉 그들은 그곳에서 다른 사람들을 사냥하고, 목 졸라 죽이고, 총으로 쏘고, 칼로 찌르고, 전기톱으로 다른 사람들의 몸을 갈기갈기 찢는다. 이 과정에서 희생자의 고함과 그르렁거리는 숨소리가 난무하고, 게이머가 죽인 사람에게서는 피가 철철 흘러나온다.[119] 조사를 해보니, 16세부터 할 수 있는 그런 게임을 이미 10세 아동들 가운데 50퍼센트가 가끔씩 하는 편이라고 한다. 심지어 10세 아동들 중에서 20퍼센트는 그와 같은 게임을 규칙적으로 한다고 답했다. 14세부터 15세 사이의 청소년들 가운데 80퍼센트는 오로지 성인용으로만 출시된 킬러 게임을 한다.[120] 1장에서 서술했던 파괴적 공격성은 사람들에게 이미 내재되어 있는 '충동'이 결코 아니다. 이것은 독일의 아동과 청소년들도 예외가 아닐 것이다. '충동'이 아니라면 배워서 익힌 태도가 되는 셈이다. 즉 킬러 게임들은 폭력을 행사할 가능성을 높여준다.[121]

부모와 학교 사이의 연대

젊은이들의 교육 기회를 위협하는 우리 시대의 많은 문제들을 살펴보면, 다수의 학교에서 볼 수 있는 부모와 교사 사이의 지속적인 갈등은 참으로 어처구니없는 정도이다. 또한 교사들에게 영향력을 행사하기 위해 경쟁적으로 학과 일정에 개입하는 학부모의 태도는, 아이들이 학교에서 무엇을 하는지 관심도 없고 정작 학교에서 접촉을 시도하면 만나주지도 않는 학부모의 태도만큼이나 불리한 상황을 만들어낸다.[122] 부모는 자식들이 시간을 보내는 학교의 생활을 세심하게 배려해줘야 한다. 의심하고 통제하려는 태도는 부모와 학교 사이의 협조에 해가 되며 결국 아이들에게도 이롭지 못하다. 학부모들이 끊임없이 의심스러운 시선을 보내면 교사들은 더 나은 교육자가 되는 게 아니라, 오히려 정반대의 길을 걷게 된다. 학교와 교사들에겐 부모의 신뢰가 필요하다. 거꾸로 학부모들은 교사들의 솔직하고도 협조적인 태도를 느낄 수 있어야 한다.

학생들 역시 학교에서 체험하는 것에 대해 부모의 지원을 필요로 한다. 하지만 청소년들이, 예를 들어 집에서 자신들의 시각을 바탕으로 교사의 태도에 대해 부당한 언급을 한다면, 그들을 어떻게 도울 수 있을까? 무엇보다 중요한 것은, 집에서 아동이나 청소년이 하는 이야기를 귀담아 들어주는 누군가가 있어야 한다는 점이다. 이는 어른들의 관계와 비슷하다. 즉 좋은 친구들이란 갈등이 생기면 그 즉시 전쟁을 치르는 게 아니라, 그 문제에 대한 시각을 넓힐 수 있는 질문도 하고 새로운 입장을 보여주는 친구들이다. 만일 학생들이 학교에서 있었던 사건에 대하여 불평을 터뜨린다면, 부모도 바로 좋은 친구들이 하는 식으로 행동해야 한다. 아이가 선생에 대해 좋지 않은 이야기를 한다고 — 이런 일은 자주 있는데 — 해서 부모가 곧장 화를 내는 식으로 반응한다면, 결코 아이는 만족해하지 않는다.

아이들이 학교에서 체험한 일에 대해 힘들다고 말하면, 부모는 그것을 진지하게 받아들여야 한다. 하지만 부모는, 아이가 불평한 사건이 일어나기 전에 무슨 일이 있었는지 먼저 물어봐야 하고, 특히 그 사건이 일어났을 때 함께 있었던 다른 아이들은 어떻게 봤는지 아이가 생각해볼 수 있는 계기를 줘야 한다. 가정에서 그런 대화는 일상이 되어야 하는데, 이는 학생들이 학교에 통합되고 편안하게 느낄 수 있으려면 반드시 필요한 조건이다. 물론 그렇게 하려면 당연히 부모는 아이와 그런 대화를 나눌 수 있는 시간을 가져야 한다. 아이가 불평하는 사건의 전말을 아이와 함께 명료하게 얘기한 다음에 적절한 결정을 내린다면 무리가 생기지 않을 것이다. 학교와 비판적인 문제로 상의를 해야 할 일이 있으면, 우선 **해당** 교사와 **직접적으로** 접촉을 시도하는 게 좋다. 그러지 않고 상관이나 다른 사람(예를 들어 교장)에게 가면, 부모는 오히려 협조를 어렵게 만들고 아이에게도 부담을 주게 된다. 왜냐하면 아이는 갈등을 일으켰던 당사자들과 함께 계속해서 학교를 다녀야 하기 때문이다. 해당 교사와 만나 얘기를 나누었으나 수용할 만한 결과가 나오지 않았다면, 그런 경우에 한해서 교장이나 다른 사람과 얘기를 하는 게 맞다.

● ● ●

학교계약

학교가 성공적으로 운영되기 위해선 학생과 교사 사이의 협조뿐 아니라, 학부모와 학교 사이의 연대도 필요하다. 이와 같은 연합에 학생들도 가능하면 포함시켜야 하는데, 학생들에겐 민주주의를 실천할 수 있는 능력이 충분하기 때문이다. 분쟁 중재자가 갈등이나 폭력과 대치하고, 청소년 문화(특히 음악과 창의적인 수업)로 교과목을 풍부하고 생동감있게 유지하고자 할 때, 학생들 역시 학교에서 책임을 맡아야 하며 활발한 학생자치회도 동원해야 한다. 변화를 받아들이는 장소로 탈바꿈하고자 학교가 만든 규칙들에 대

해서 학생들이 자발적으로 동의하는 것도 바로 책임을 맡는 행위
에 속한다. 이와 같은 맥락에서 미국의 많은 학교에서 실제로 성공
을 거두고 있는 절차를 도입하는 것도 매우 이로울 것이다. 즉 학
교 교육에 참여하는 세 주체가 몇 가지 기본원칙을 지키겠다고 계
약서에 동의하는 것이다.

· 학교계약 ·

학교, 학생 그리고 학부모가 입학할 때 서명으로 합의를 보는
열 가지 규칙들은 다음과 같다.

(1) 학교에서 취해야 할 태도의 기본규칙은 상호 존중이며, 폭력적
위협과 폭력은 포기한다.

(2) 존중, 폭력적 위협과 폭력의 포기는 집에서도 똑같이 적용된다.

(3) 학교 관리자와 교사들은, 모든 측면에서 학생들을 후원하고 학부
모와 공동으로 일해야 할 의무가 있다.

(4) 학부모들은 학부모 회의에 참가해야 할 의무가 있다.

(5) 학생들은 수업이 시작하기 전에 집에서 아침을 먹고 와야 한다 (아침에 텔레비전을 봐서는 안 된다).

(6) 학부모는 학생들이 등교하는 날, 적어도 하루에 한 번 아이들과 함께 식사를 해야 한다.

(7) 학생들은 학교 오기 전날 최소한 일곱 시간(10세 이하의 아동들은 최소한 여덟 내지 아홉 시간)을 자야 한다.

(8) 학부모는 아이들이 학교에 가는 날, 적어도 한 번은 학교에서 어떠했으며, 무엇을 배웠는지, 배운 것을 잘 따라할 수 있었는지, 어려움은 없었는지 등을 아이들과 함께 얘기한다.

(9) 12세 이하의 학생들은 자기 방에서 인터넷 접속을 직접 해서는 안 되며 자신만의 텔레비전을 가져서도 안 된다. 12세 이상이 되면 부모는, 등교 전날 아이들이 자기 방에서 몇 시까지 깨어 있는지 들어본다.

(10) 부모는 아이들에게, 대중매체(텔레비전, 비디오, 컴퓨터 게임)에서 무엇을 보며 어떤 게임을 하는지 물어보고 또 함께 얘기한다. 부모는 자녀가 하는 모든 게임을 허락한다. 단, 이때의 게임은 자녀 스스로 혹은 제3자가 보여주고 지속적으로 그것에 관해서 얘기할 수 있는 게임을 말한다.

6장

더 나은 교육 시스템을 찾아가는 여정

Lob der **Schule**

세상에는 교육보다 비싼 게 딱 하나 있다.

교육을 시키지 않는 것.

― 호르스트 쾰러 독일 대통령(존 F. 케네디의 말을 인용함)

나는 특정 학교 형태를 옹호하고 싶지도 않고 특정 학교 정책을 변호할 생각도 없다. 좋은 학교를 만들 수 있는 방법은 여러 가지다. 우리는 교육 분야에 미래의 다양성을 위한 공간을 마련해둬야 한다. 정치의 과제는 좋은 학교를 만들고, 지켜야 할 최소한의 기준을 만들어주는 것이다. 이런 최소한의 기준이 정의되어 있어야, 각각의 학교는 학생들을 책임감있게 대하고 아이들의 교육목표에 실제적으로 봉사할 수 있다.

학교의 최소한의 기준이란, 우선 건물과 학교의 장비에 관한 것, 두 번째는 충분한 교사들과 그들의 자격과 전문성에 관한 것이며, 마지막으로 커리큘럼, 즉 학습내용에 관한 것이다. 그런데 이세 가지 조건을 모두 채우기커녕 미비한 학교가 많다. 우선 학교의 건물과 장비들이 터무니없이 부족한 경우가 꽤나 있다.[123] 두 번째 조건에서도 교사가 너무 부족한 학교가 있으며, 그러다보니 한반에 학생이 너무 많다. 대체로 교사들은 전문교육을 잘 받은 상태이지만, 그들 가운데 일부는 인간관계나 대화하는 능력 그리고 심리학적인 능력이 너무 부족하다. 세 번째 조건을 보면, 음악, 미술과 몸으로 표현하는 시간(체육, 현대무용)은 학교에서 너무 적게 제공한다. 그 밖에도 윤리라는 과목은, 가치관만 전달하는 게 아니라 학생들이 사회적·감정적 능력[124]을 개발하고 구축할 수 있도록 인도해야 한다.

만일 우리가 아동과 청소년들을 가장 일선에서 교육시키는 사람들의 명예를 짓밟는다면, 도대체 어떤 논리로 학교 교육을 향상시킬 수 있을지 의문이다. 때문에 정치가들은, 앞서 주장했듯이, 교사들을 총체적으로 모욕하는 판단 따위를 억제해야 한다. 그와 같은 파괴적인 표현과 사고방식으로 인해 고통받는 당사자들은 교사들뿐만이 아니다. 결국에는 학생들이 고통받게 된다. 학교정책은 정치가를 위한 놀이터가 되어서는 안 된다. 학교정책은 교육의 가치를 인정하고 이를 행동으로 표현해야 한다.

정치는 학교가 아동과 청소년들을 위한 삶의 공간이 되고 수업의 질을 높일 수 있도록 기여해야 한다. 학급 인원을 20~25명으로 한정하는 것도 정치가 할 수 있는 일이다. 게다가 교사들이 오지에 근무하거나, 아이들에게 보충수업을 해준다거나, 또 다른 자격을 땄을 때 추가수당을 받게 하는 급여 구조도 필요하다. 또한 과중한 업무를 맡은 학교의 관리자들에게는 일을 보조해주는 사무직원을 뽑아줄 필요도 있을 것이다.[125] 나아가 학교 건물을 현대화하고 최신 장비를 갖출 수 있도록 투자하는 프로그램도 마련해줘야 한다.[126] 만일 종일학교를 열고 교사들을 하루 종일 일하게 하고 싶다면, 학생들뿐만 아니라 모든 교사들도 현대적 시설이 완비된 학교에서 자신만의 작업 공간을 가질 수 있게 배려해야 한다. 마지막으로, 교육부 관련 공무원들은 매년 학교들이 해결해야 하는 지시사항과 변경 내용을 현저하게 줄여야 할 것이다.

●　●　●

학교 시스템과 실업학교의 위기

나는 여기서 '올바른' 학교 시스템이 어떤 것인지에 관해 말하고 싶지 않다. 이와 관련해서 몇 년 전부터 사용되는 '올바른'이라는 표현도 세계관적인 성격을 보여준다. 체계적으로 분류된 학교 시스템은 장점과 단점이 있다. OECD-연구는 어떤 시스템이 다른 시스템보다 탁월한 장점 혹은 단점이 있다는 것을 분명하게 보여줄 수 없었고, 그것 역시 놀라운 결과는 아니었다. 왜냐하면 특정한 학교 시스템이 한 아이의 교육 운명을 결정한다는 입장은 단지 부분적으로만 맞는 말이기 때문이다. 신경생물학적으로 관찰해볼 때, 한 아이의 교육 운명은 구체적인 후원에 의해서 결정된다. 여기서 말하는 후원이란, 아이가 학교에 입학하기 전에 자신의 생활과 학교 외의 환경에서 얻게 된 후원, 그리고 학교에 다니는 동안 부모와 몇몇 선생들로부터 얻게 되는 구체적인 지원을 말한다. 물론 좁은 의미에서 교육은 학교에서 받을 수 있지만, 수업의 구체적인 질과 아이가 개인적으로 받는 후원이 함께 작용하면 학교 시스템 하나에만 의지하는 경우보다 아이의 교육에 훨씬 지속적으로 영향을 줄 수 있다.

'올바른' 교육 시스템으로는 아이의 사생활과 사회의 폭력적인 영향도 완화시킬 수 있다는 확신이야말로 지식이 아니라 믿음을 기초로 한 것이다. 이론의 여지가 없는 것은, 모든 아동과 청소년들은 동일한 교육 기회를 가질 권리가 있다는 점이다. 아무도 우리의 실업학교(독일에서는 우리로 치면 중학교와 고등학교 교육을 하나의 체계로 통합한 교육을 받는데, 세 종류가 있다. 김나지움(Gymnasium, 인문계 중등학교), 하우프트슐레(Hauptschule, 직업학교), 레알슐레(Realschule, 두 종류의 중간쯤에 해당하는, 중급기술자와 공무원 양성학교). 실업학교에 해당하는 하우프트슐레는 초등학교 교육을 받은 다음 해부터 5~9학년까지 다니며, 인문계 학교와는 달리 학생들이 졸업 후 직장에 다닐 수 있도록 교육하는 것이 목표이다.—옮긴이)를 '좋은' 것이라고 보지 않는다.[127] 작센과 튀링엔 같은 곳에서는 인문계가 아닌 두 종류의 실업학교를 통합했고, 바이에른 주는 아직 고려 중이며 함부르크와 슐레스비히-홀슈타인 주는 구체적으로 계획을 세우고 있다.[128] 이와 같은 통합은 어쩌면 제대로 된 방향일지도 모르는데, 왜냐하면 만일 실업학교 학생들이 자신들의 학교가 자신들을 사회적으로 격리시키는 수단이라는 느낌을 가진다면 큰일이기 때문이다. 실업학교를 폐지하자는 요구는 그 사이에 '정치적으로 올바른 일'에 속하게 되었다. 하지만 나는, 실업학교에 다니는 학생들을 다른 종류의 학교에 다니는 학생들과 단순히 섞어버리겠다는 조치(그러고는 이런 식으로 말한다. "우리는 이렇듯 너희를 위해서 모든 것을 했으니, 이제 너희들이 잘 해나가는지를 지켜볼 거야!")는 오늘날 실업학교에 다니는 청소년들을 후원하는 방법으로 충분하지 않다고 생각한다. 실업학교 학생들은 조직적으로 변화를 주는 것 이상을 필요로 한다.

열악한 환경을 해결하기 위해 또 다른 부수적 조치가 필요하다. 만일 우리가 단일한 학교 시스템을 정비함으로써 모든 희망을 단번에 해결해주고자 한다면, 이는 오늘날 실업학교에 다니고 있는 청소년들에게 도움이 되지 않는다. 오히려 그들은 '긍정적인 차별', 즉 보다 개인적이면서도 가족적인 배경에서 나오는 지원을 원한다. 우리는 그들이 필요로 하는 특별한 후원을 많이 제공해야만 한다. 극히 소수의 학급 인원으로 수업을 하고, 특별한 수업(특히 언어 영역에서)을 제공하며, 사회적 학습과 감정적 학습에 중점을 두고, 집중적인 봉사활동과 진학이나 직업 교육에 특별한 도움을 주는 것 등의 후원 말이다. 만일 직업학교와 레알슐레가 통합된다면, — 나는 이것이 잘못된 방향이라고 보지 않는다 — 그와 같은 조치들은 불가피한 것으로 보인다.

● ● ●

교육 연구와 학교 자율 평가

OECD-연구(국제학업성취도 평가PISA, Programme for International Student Assessment)라는 차원에서 통계학자, 수학자 그리고 물리학자들이 데이터를 제공한 것이 교육 연구인지 아닌지에 대하여 나는 논쟁하고 싶지 않다. 하지만 어쨌거나 이런 조사 방법과 내용들은 누구보다 능력있는 비판가들에 의해 상당한 의심을 사고 있다.[129] 교육학과 교육에 관한 작업은 설문지나 응용수학 그 이상이다. 의심할 바 없이 피사 프로젝트의 좋은 점은, 열악한 환경에서 제대로 보살핌을 받지 못하는 아이들에 대해서, 그리고 우리 교육의 방향에 약점이 있다는 사실에 대해서 국민들이 알게 되고 그 결과 이를 공개적으로 논의하게 되었다는 것이다.

OECD-조사를 통해 얻게 된 판단, 즉 독일에서의 교육 기회가 아이들 개인의 배경과 사회적 배경에 의해 많이 좌우된다는 판단은, 자주 언급되는 만큼 그리 놀라운 일이 아니다. 하지만 아이들이 개인적 환경과 사회적 환경에서 차별된 지원을 받고 심지어 부족한 지원을 받아서 생겨난 결함을 학교가 해소해줄 수 있다고 믿는, 그야말로 순진한 암시가 널리 퍼져 있다는 점은 깜짝 놀랄 만하다. 학교는 이와 같은 기대를 분명 채워줄 수 없었기 때문에 — 이런 암시의 논리에 따라서 — 결국 교사들이 우수하지 못하다는 비판을 사게 되었다. 최초의 피사 정보가 공개된 것과 연관시켜서 그런 식으로 말하는 대표적 인물로는 독일대학장학재단의 회장인 게르하르트 로스와 OECD-연구의 조정관인 안드레아스 슐라이허를 들 수 있다.[130] 그러나 그 사이 이성이 자리를 잡게 되어, 사람들은 이제 개인적 환경과 사회적 환경이 아이들에게 해주지 못하는 모든 것을 학교가 보상해줄 수 없다는 사실을 인지하기 시작했다. 또한 학교의 문제를 이해하기 위해서 부모의 보살핌, 유치원 공급, 이주민 아이들의 언어 능력 혹은 청소년들의 대중매체 소비를 심도있게 다뤄야 한다는 사실을 깨닫기 시작했다.

흔히 측정 시스템이나 통제 시스템이 제대로 알지도 못하면서 산업계, 서비스 기관, 의사들, 병원 혹은 학교에 관하여 제멋대로 일을 하는데, 그런 시스템들은 기생충 같은 장치일 경우가 많다. 다시 말해 평가하고 통제해야만 하는 시설의 기능을 강화시키지는 않고 많은 구경꾼들의 배만 채워준다는 말이다.[131] "무게를 자주 달아본다고 해서 돼지가 살이 찌지는 않는다"[132]는 말이 있듯이, 학생들이 시험을 친다고 해서 더 똑똑해지는 것은 아니다. 학교가 검사를 하고 평가를 해야 하는 곳임에는 의문의 여지가 없다. 하지만 이런 검사와 평가를 의문스럽기 짝이 없는 방법을 사용하는 OECD처럼 대대적인 프로젝트의 차원에서 하면 안 되고, 개별 학교 자체에서 우수성을 확보하는 방향으로 실시해야 한다. 미숙한 비판과 논박의 영원한 목표물이 되고 싶지 않다면 학교는 단출하지만 매우 효과적으로 품질을 확보할 수 있는 경영 체계를 구축해야 한다. 이런 경영 체계의 목적은 이미 실행한 작업 과정을 서술하고, 평가

하며, 이렇듯 실행한 일의 우수성에 관한 피드백으로부터 이득을 얻는 데 있다.

학교는 성과만 내는 곳이 아니라, 어느 정도 교육에 성공한 학생들도 생산해낸다(품질경영의 언어로 말하면 '우수한 결과'이다).[133] 결과 앞에는 과정이 있는데, 학교의 경우 무엇보다 수업시간에 일어나는 모든 것, 즉 설명하고 함께 작업하고 배우는 과정이 있다. 학교의 경우 대화가 매우 많이 이루어지는데, 이 과정에서는 양보다 질이 중요하다(품질경영의 언어로 말하면 '우수한 과정'이다). 대화 속에는 학생들이 수업을 얼마나 이해하는지, 무엇이 학생들에게 잘 전달되는지뿐만 아니라, 학생들이 수업 분위기를 어떻게 체험하는지도 반영된다. 또한 우수한 과정에는, 학교 생활이 집에 있는 부모에게 어떤 의미인지도 포함되는데, 왜냐하면 부모 혹은 학생들을 보살피는 당사자들은 학교에서 일어나는 일에 참여하기 때문이다. 그 밖에 교사들이 학교를 어떻게 체험하는지도 우수한 과정에 포함되며, 학교가 가정으로부터 지원을 받기 위해 기울이는 노고를 학생들이 어떻게 체험하는지도 그런 과정에 포함시켜야 한다. 품질확보경영이 부족하여 생길 수 있는 손해는 무엇보다 부모가 어떤 방법으로 학교에 피드백을 하느냐에서 나타난다.

개별 학교에 심어둬야 할 품질확보경영이란 ① 단순하고 비판료적이어야 하고, ② 중요한 과정과 성과를 파악해야 하며, ③ 이 성과들은 학교의 참여자들(학생, 교사, 학부모)에게 피드백되어 자체적으로 개선 과정이 일어날 수 있어야 한다. 대부분의 대학교수들 — 대학생들의 강의 평가를 처음에는 매우 불쾌하게 받아들였던 많은 교수들 — 이 자신들의 강의를 학생들에게 평가받는 것을 중요하다고 생각할 뿐만 아니라 매우 고무적으로(자극으로) 받아들였다. 대학병원은 환자들의 만족도와 지정된 의사들에 관해 정보를 얻을 수 있으면 매우 도움이 된다. 그렇듯 개별 학교 그리고 개별 교사들은 학생들이 수업의 질, 학교 분위기를 어떻게 체험하며, 그들이 서로를 어떻게 대하는지, 그리고 부모들이 학교에 대해 어떻게 생각하는지에도 관심을 가져야 한다. 또한 교사들은 교사들 사이에 어느 정도 지속적인 협조가 가능한지 추측할 수 있어야 하고, 학교 관리자들과의 관계를 유지하는 데도 노력을 기울여야 한다. **학교의 평가는 학교에서 이루어져야 하고, OECD와 같은 거대한 조직이 시행했고 앞으로도 하게 될 그런 히스테리성 연극 같은 평가는 해서는 안 된다.**

교사협의회

최근에 점점 중요한 과제로 부상하고 있는 이른바 전체 교육 시스템을 최적화하고자 하는 노력에서 교사협의회는 그 어떤 것보다 중요한 기능을 맡고 있다. 교사협의회는 현 상태를 보호하고자 하는 방어적 자세를 버리고 그 대신 직업을 전문화하고 교육 시스템을 지속적으로 발전시키기 위해 함께 노력해야 한다. 이와 같은 길을 갈 때 결정적으로 중요한 단계는 다음과 같다. ① 학교에 하루 종일 있는다(물론 각각의 교사는 할 일이 있어야 한다).[134] ② 교육의 질을 확보할 수 있는 조치를 만들도록 종용하고 실행될 때까지 협조한다. ③ 담당 과목만 계속 연구하지 말고, 무엇보다 관계를 형성하는 능력을 기르도록 한다. ④ 성과와 관련된 추가 업무를 제안하고 협조한다.[135] ⑤ 교사 건강에 관한 현안에 주의를 기울인다(정보, 금지 조치, 구체적인 도움).

7장

아이들이 어떤 세상에서
살기를 바라는가

저널리스트 : "간디 씨, 서양 문명을 어떻게 생각하십니까?"

간디 : "나는 아주 좋은 아이디어일 수도 있다고 생각합니다."[136]

아동과 청소년들은 생물학적으로 볼 때 주변 환경과 관계 없이 자동적으로 발전하는 까닭에, 유전자 프로그램에 의해 관리되며, 어른들이 충분히 먹이고, 재워주고, 위생에 신경을 써주면 쑥쑥 성장할 것이라는 믿음은 우리 시대가 빠져 있는 근본적 오류들 중의 하나이다. 그리고 이런 조건들이 충족된 다음에, 어른들은 아이들에게 ― 그것이 '교육'일지 모르는데 ― 세상이 어떻게 돌아가는지를 가르쳐줘야 한다는 것이다. 하지만 이런 식으로 생각하면 아동과 청소년들이 무엇을 체험했는지, 그리고 주변에서 어떤 모델을 받아들이는지는 그다지 중요하지 않은 것이 된다.

현대의 신경생물학은 그와 같은 견해가 학문적으로 틀렸다는 것을 증명했는데, 어쨌거나 그런 견해가 등장한 데에는 자연과학과 의학의 책임도 없지 않다. 사람들은 주로 물질을 다루는 생물학과 같은 '거친' 자연과학을 심리학이나 교육학 같은 '부드러운' 과목과 구분했다. 후자는 '오로지' 사람들끼리의 공존과 개인의 취향(혹은 공상)에 관한 문제만 다룬다.[137] 그렇듯 살아 있는 존재에 관한 학설인 생물학은, 물리학 또는 화학과 다르지 않다. 따라서 아이들은 ─ 그들의 발전과 관련해서는 ─ 생물학의 일부분이다. 요컨대 아이들도 물질의 세계이자 물질이 관련된 실재이며, 만일 물리학적 조건과 화학적 조건이 맞으면 모든 것이 '정상적'으로 발전해야만 한다. 이와 같은 논리를 바탕으로 하면 교육과정에서 문제가 있는 학생들이 '잘못된 발전'을 하게 된 원인으로는 두 가지를 들 수 있다. 즉, 만일 아이들이 ─ 유전자나 혹은 질병을 통해서 발생하는 ─ 생물학적으로 어떤 장애도 갖고 있지 않다면, 그들을 충분히 가르치지 않았다는 가능성만 남게 되고 따라서 아이들의 문제는 바로 학교 책임이다.[138] 그러나 이와 같은 발상은 틀렸을 뿐 아니라, 해로운 헛소리이다.

생물이라는 체계는, 단세포부터 인간에 이르기까지, '자동적으로 발전하는 기계 장치'가 아니라 생명이다. 즉 주변 환경과 지속적으로 커뮤니케이션을 하는 과정에서 자신의 물질적 상태가 끊임없이 변화하는 생명체라는 말이다. 생명체와 환경의 특별한 상호관계는 생명체에게 특수한 생물학적 결과를 안겨준다. 사람의 '환경'(우리가 살고 있는 자연 외에)은 우리의 사회적인 환경이다. 다른 말로 하면, 우리에게 생물학적으로 중요한 '생활 공간'은 대부분 사람들, 그리고 우리가 그들과 함께 체험하는 것들로 이루어져 있다. 우리의 신체를 통제하는 유전자들은 결코 '자동 조종 장치'가 아니며, 외부에서 들어와 자신들에게 영향을 주는 신호물질을 통해 자체적으로 조절된다.[139] 인간의 경우에는 환경과 신체(유전자를 포함하여) 사이에서 뇌가 작동되고,[140] 뇌는 다섯 가지 감각으로 외부의 실재를 파악하며 이 실재로부터 얻은 정신적·심리적 인상을 생물학적인 신호로 변환시킨다.[141]

　뇌는, 이미 이 책의 서두에서 설명했듯이, 심리학(사람들 사이에서 얻은 체험)을 생물학으로 만든다. 아이의 발전과 교육의 잠재력을 고려할 때 결정적인 문제는 다음과 같다. 사람들 사이의 체험(심리학) 가운데 어떤 것들이 아이의 뇌와 신체를 생물학적으로 혹은 정신적으로 적절하게 발전시켜줄까? 신경생물학적인 입장에서 대답하면 이렇다. 즉 동기체계를 활짝 꽃피우기 위해 아이들은 부모나 부모를 대신하는 사람들과 개인적인 관계를 필요로 한다.[142] 그들은 두려움 없이 세계에 관심을 갖고 배우기 위해서 감정이입과 지원을 필요로 한다.[143] 아동과 청소년들은 부모와 친한 사람들이 필요한데, 그들로부터 요구를 받고 그들을 모범으로 삼기 위해서뿐 아니라, 그들을 통해 자신의 잠재적인 발전 가능성을 비춰보기 위해서도 필요하다.[144] 사람들 사이의 관계는 아이들에게 일종의 필수 비타민인데, 건강한 식사와 충분한 수면만큼이나 중요하다.

● ● ●

'거울체계' 로서의 가정과 학교 : 감정이입과 반사
― 아동과 청소년의 삶을 이끌어주는 보이지 않는 끈

아이들에겐 사람들 사이의 애착관계가 필요하다. 하지만 이런 관계는 어떻게 만들어지는 것일까? 사람들 사이에서 특별한 소속감은 어떻게 생겨날까? 이른바 아동과 청소년들이 느끼는 유대감은 무엇을 기반으로 하는 것일까? 애착관계란 신경생물학적인 사건이다. 즉, 이 관계는 다른 사람도 자신이 느끼는 것처럼 느낄 수 있다는 경험을 바탕으로 한다. 대부분의 사람들은 서로 많은 것을 공감할 수 있기 때문에, 우리 모두는 알아차리지 못하지만 서로 어느 정도 밀접한 관계를 맺고 있다. 아동과 청소년들의 특별한 연대감은 일상의 다양한 상황에서, 식구들 혹은 선생님들이 특별한 방식으로 자신들의 생각에 공감해주는 것에서부터 나온다.

감정이입이란, 만일 내가 다른 사람의 상황에 처해 있다면 나는 어떨까를 상상하려는 시도이다. 그러면 우리의 정신상태가 비정상적이 될 게 아니냐고? 그렇지 않다! 우리의 뇌는 신체의 다양한 부분에 걸쳐 뻗어 있는 신경세포들과 네트워크를 형성하고 있다. 신경세포들로 이루어진 이들 네트워크가 하는 유일한 일은 감정이입이다. 그리고 이 네트워크가 바로 '거울뉴런'이다. 거울뉴런들은 내 가까이에 있는 사람들이 어떻게 느끼고 있는지를 뇌가 느낄 수 있도록 해준다. 거울뉴런들은 다른 사람의 신체에서 보내는 신호들(언어, 신체언어)을 이용해서 그 사람이 어떤 상태인지를 재구성해낸다. 우리의 뇌는, 미국의 어느 뇌 연구자가 표현했듯이, '사회적인 뇌'인 것이다.

우리 모두는 선하지만은 않지만, — 신경생물학적으로 보면 — 성공한 인간관계가 어떤 모습인지는 잘 알고 있다. 성공적으로 인간관계를 맺으려면 제일 먼저 감정이입이라는 게 필요한데, 우리는 본질적으로 공감을 느끼고 그에 따라 행동하게끔 태어났다. 시간을 갖고 당신이 매일 직접적으로 대하는 몇몇 사람들의 감정을 한번 느껴보라. 여기에서 한 발자국 더 나아가 당신이 특별히 힘들어하는 사람들에게 집중해보라. 만일 당신이 아버지나 어머니라면, 당신에게 가장 많은 걱정거리를 안겨주는 자식들의 감정을 느껴보도록 노력하라(혹은 당신이 특히 아이를 이해하지 못했던 상황을 생생하게 떠올려서, 다시 한번 그 상황에 들어가보라).

만일 당신이 교사라면, 현재 당신의 골치를 가장 많이 썩히는 학생들에게 감정이입해보라. 또한 네 명의 교사가 가장 다루기 힘든 학생 한 명에 대하여 감정이입을 해보고 이에 관해서 의견을 교환하면 어떤 결과가 나오는지 실험해보라. 아마 당신은 네 명이 서로 연결된 '거울뉴런 체계'로부터 어떤 마법적인 힘이 나오는지 체험할 수 있을 것이다. 또한 당신은 갑자기 문제아들을 다룰 수 있는 놀랍고도 새로운 아이디어를 얻게 될 것이다!

가족과 학교는 자신들을 위해서라도 '거울 시스템'이 되어야 하는데, 이 말은 학부모와 교사가 감정이입을 연습해야 한다는 뜻이다. 이런 연습을 시작하는 가족과 학교는 감정이입 — 거울뉴런 세포들 덕분에 우리가 이런 것을 할 수 있는데 — 이 '전염되는 질병'(신경연구는 실제로 '감정적인 전염emotional contagion'이라는 말을 사용한다)이라는 사실을 확인할 수 있을 것이다. 만일 부모나 교사가 아이들에게, 자신들의 휴대용 짐 안에 감정이입용 도구가 있으며, 이를 이용해 아이들을 다룰 줄 안다는 것을 보여준다면, 이는 어른들에게도 효과가 있을 것이다. 감정이입으로 사람들을 대한다는 말은 '문제를 대충 얼버무리고' 넘어가거나 아주 조심스럽게 다룬다는 뜻이 아니다. 감정이입으로 일을 한다는 말은, 다른 사람들의 상황을 고려하여 행동한다는 뜻이며, 내 행동을 다른 사람의 상황에 맞춘다는 의미이다. 교사들이 학생들에게 가지는 감정이입이란, 학교라는 요트의 선장으로서 바다로 나아가 선원들이 아프지 않도록 주의를 기울이고 배의 선원으로 살아가는 게 재미있게 느껴지도록 하는 것이다.

교육과정에서 거울뉴런이 가지고 있는 잠재력은 감정이입만으로는 충분히 서술할 수 없다. 부모와 교사는 아동과 청소년들의 행동에 반응한다. 흔히 그들은 눈치채지 못하게 반응하지만, 분명하게 반응할 때도 있고, 무의식인 상태에서만 반응할 때도 있다. 아이들에게 반응하지 않기란 불가능하다. 부모와 교사는 아이들에게서 뭔가를 되비추어 보며, 아이들은 부모와 교사라는 거울에 비치는 자신들의 상을 찾는다. 왜 그럴까? 아이들은 상대에 의해 인지되는 것을 느끼고 싶어하며, 곁에 존재하고 있다는 것을 느끼고자 한다. 또한 아이들은 자신들이 누구이며, 어떻게 평가받고 있는지도 알고 싶어한다. 그러나 이것만으로는 충분하지 않다.

어른에게 반영된 모습은 아이들에게 또 하나의 의미가 된다. 자라는 아이들은 자신도 모르게 발전하는 가운데, 그 발전이 어디로 향하는지 모르는 상태이며, 그리하여 상당히 두려워한다. 때문에 아동과 청소년들은 부모와 교사가 자신들에 대해 묘사하는 모습에서 무엇이 될 수 있을지, 무엇을 신뢰해도 될지, 자신들의 잠재력과 발전 가능성은 어디에 있는지 알게 된다. 이와 같은 추적 과정은 아동과 청소년들에게서 무의식적으로 일어나지만, 교육과 교양이 관심거리로 등장하는 시기가 되면 가장 중요한 과정 중 하나가 된다. 성장하는 아이들에게 말과 행동으로 우리 자신에 관한 정보를 제공함으로써, 우리는 하나의 '복도'를 깔아놓는 셈이 된다. 그러니까 미래를 가리키고 있으며 어느 정도 예언의 힘이 효력을 발휘하게 되는 그런 복도 말이다.[145]

아동과 청소년들은 이렇듯 부모와 교사로부터 반사된 모습에서 자신들의 미래에 대한 정보를 얻는다. 좋은 교육자는 아이의 좋은 점만을 얘기하는 데 그치지 않고 약점도 말해줘야 한다. 결국 아이는 자신의 일부가 아니라 전체가 인지되기를 원한다. 하지만 좋은 교육자가 사용하는 중요한 테크닉은, 아이가 자신의 나쁜 점을 듣고 절망감을 느끼지 않게 비판하는 데 있다("그럴 줄 알았어!" "너는 항상 이런 식이잖아!" "내가 너한테 뭘 기대하겠냐!" "넌 어떻게 이걸 성적이라고 받아왔냐!" "계속 이런 식으로 하다간, 넌 아무것도 안 돼!" 이런 식의 비판은 절대 피해야 한다).

　교육의 기술은 자라는 아이들에게 발전 가능성과 부족함을 총체적으로 언급하는 데 있다. 그래야만 아이들은 어른들의 상상 속에서 당장의 문제를 넘어 '복도'를 인지할 수 있다. 그와 같은 비전은 경우에 따라서 **즉흥적으로** 비판과 함께 말해줄 필요가 있다. 개별적인 경우에 비판은 매우 조심스럽게 해야 하는데, 아이를 모욕하지 않고 비판할 성격이 확실할 때 해야 한다. 이때 중요한 것은, 아이들이 우리가 어른으로서 이들에게 거울처럼 반사해주는 모습에서 항상 발전의 전망을 접해야 한다는 점이다.

　우리가 아동과 청소년들에게 — 집과 학교 외부에서도 마찬가지인데 — 제시하는 모든 것은 젊은이들에게 무의식적으로 받아들여지는 신호인 동시에, 사회 전체가 청소년들의 미래로 소개하는 정보이다. 오후에 방영되는 텔레비전 프로그램에서, 스튜디오에 출연한 손님들(예를 들어 친하게 지내는 한 쌍의 남녀 혹은 가족들, 가령 어머니와 청소년 아들)이 상대를 공격하고 문제에 대한 책임을 떠넘기고, 웃음거리로 만들고, 모욕을 주는 게 핵심이라면, 이런 프로그램은 청소년 시청자들에게 훗날 함께 사는 삶이 어떠할 것인지 알려주는 정보가 된다. 만일 아동과 청소년들이, 동갑내기들이 수백만 명의 시청자들이 보는 앞에서 뭔가 노래를 부르고 이어서

비웃음과 원한을 사게 되는 모습을 구경하면, 이것은 그들에게 자신들이 걸어가게 될 '복도'인 것이다(무엇보다 이는, 훗날 그들이 우리에게 그렇게 행동할 것이라는 뜻이다). 어느새 백만 명의 청소년들이 매일 컴퓨터 앞에서 몇 시간씩 전쟁 게임을 하고 다른 사람들을 사냥하고 죽이고 있는데, 이것 역시 우리가 청소년들에게 제공한 미래의 비전인 것이다. 때문에 우리는 점점 늘어나는 문제 청소년들을 이대로 방치해서는 안 된다.

● ● ●

태어난 첫 날부터 교육은 시작된다

아이들이 학교 밖의 개인생활과 사회생활에서 체험하는 것들은 교육 잠재력에 막대한 영향을 줄 수 있는 신경생물학적인 결과를 가져온다. 태어난 첫 해에 부모나 이를 대신해줄 수 있는 사람과 신뢰할 수 있고 감정이입이 가능한 친밀한 관계를 갖지 못한 아이들은 정신적인 불안으로 고생할 위험이 아주 높다. 태어나서 5세까지 자주 혹은 오랫동안 혼자 방치된 아이들은 분명 친밀감을 느끼지 못했거나 분리불안으로 힘을 소진했을 것인데, 이들은 커서도 우울증을 앓을 확률이 크다. 태어난 지 얼마 안 된 유아기 때 텔레비전을 너무 많이 본 아이들은 주의력 결핍-과잉 행동 증후군

(ADHS, Attention-Deficit Hyperactivity Syndrom)으로 발전하게 될 경향이 매우 높다는 사실이 이미 밝혀졌다. 성적인 희롱을 당한 아이들은 심각한 정신적 장애를 겪는다. 그리고 안정적인 가족관계를 갖지 못했거나 폭력을 당한 아동과 청소년들은 스스로 폭력적으로 행동하게 될 위험이 높으며, 대중매체가 제공하는 잔인한 장면들을 습관적으로 접하는 청소년들도 마찬가지이다. 내가 여기서 언급한 모든 부정적인 조건들은 또한 심신상관성 고통을 일으키고 결국 인지적·지적 능력에 해를 입히게 된다. 그러므로 학교가 적절한 것을 제공해야 하는 것에 더해, 우리는 아이가 학교에서 잘 하는지 그렇지 않은지, 라는 질문을 학교 밖에서도 똑같은 비중으로 해야 한다.

그렇다면 불리한 가정환경에서 자란 아이는 ─ 신경생물학적인 입장에서 볼 때 ─ 훗날 아무런 가능성이 없다는 것일까? 결코 그렇지 않다! 나쁘거나 좋은 관계에 대한 경험은 평생 영향을 주게 되는데, 소위 말하는 뇌의 구상성(조형 가능성)[146]은 유년 시절 혹은 청소년 시절로 마감하지 않는다. 아이들은 집에서 얻을 수 없는 것을 가정 밖에서 얻고자 시도하게 된다.[147] 신경생물학적이고 심리학적인 관점에서 보면 아이들은 스펀지와 같다. 즉 아이들은 자신들이 얼마나 애정이 필요한지 감지하며, 기회가 주어지면 좋은 관계를 맺은 경험으로부터 필요한 만큼 빨아들인다. 만일 부모가 아이를 돌보는 게 어려우면, 사랑이 풍부한 할머니나 할아버지 혹은 다른 친척들이 아이에게 '구조대'가 될 수 있다. 하지만 교사들도, 비록 학생들과 사사로운 관계를 가져서는 안 됨에도 불구하고, 개별적인 경우에 아이의 본보기나 멘토 혹은 대화 상대가 될 수 있으며, 또 어떤 경우에는 일종의 '사제'처럼 중요한 역할을 할 수도 있다.[148]

남자 선생님 혹은 여자 선생님과의 관계를 통해서 아동과 청소년들은 흔히 세상과 삶을 새롭게 인식하는 법을 배우며, 뭔가 도전하려는 마음도 갖는다. 이런 경우에 교사는 아이들에게 '제2의 기회'가 될 수 있다. 교사들은 책임감을 의식해야 한다. 게다가 노인들이 늘어나고 있는 인구통계학적인 상황을 고려할 때, 나이 들고 정신적으로 성숙한 사람들이 가정에서 충분히 후원받을 수 없는 아이들과 대부 혹은 대모의 관계를 맺고 아이들을 지원하는 방법도 바람직할 것이다. 그처럼 자발적인 참여를 원하는 사람들은 학교를 중심으로 만나면 된다.

● ● ●

우리는 어떤 세상에서 살기를 원하는가?
아동과 청소년들은 환영받는 존재라고 느끼는가?

학교 그리고 학교와 직접적으로 관련있는 문제와 원인, 해결책에 관해 서술했던 이 책도 이제 막바지로 접어들고 있다. 그러니 이쯤에서 잠시 뒤로 물러나 좀더 멀리 떨어져서 관찰해보기로 하자. 아동과 청소년들이 학습에서 겪고 있는 어려움을 우리는 오로지 '교육의 문제'로만 간주해서는 안 된다. 어쩌면 그 이상의 문제일 수도 있다. 사는 방식에 익숙해 있는 어른들은 흔히, 우리가 살고 있는 삶이 실제로 우리에게 무엇을 요구하며 우리에게 얼마나 많은 황폐함[149]을 요구하는지 잘 모른다. 우리는 인간적이고 아동과 청소년들을 환영해주는 그런 세상에 살고 있는 것일까?

최근에 경제적인 압박감이 점차 증가하여, 직장을 갖고자 하는 수백만 명의 사람들은 거의 모든 것을 감수해야 할 정도가 되었다. 이를테면 고향과 같은 뿌리의 말살(타 지방 근무나 해외 근무를 말하는데, 이를 '유동성'이라 부른다), 저녁 늦게까지 그리고 주말에도 일하기('노동 시간의 유연성'), 계획을 세울 수 없는 노동('미니잡 minijob'), 무보수 노동('실습') 등. 이런 것을 받아들이지 않는 사람들이 직면하는 것은 실직인데, 이는 수많은 사람들이 처한 현실이다. 이렇게 알아차리지도 못한 사이에 변화하다보니 우리 가운데 일부는, 우리가 한때 서 있었던 곳에 다시 도착하게 되었다.[150] 즉 개인의 삶이 경제적 압박에 의해 경제적 절박함에 빠지게 될지도 모른다는 두려움이 지배하는 세계, 경제적 고민이 아닌 모든 것은 부수적인 문제로 취급되는 세계 말이다. 이와 같은 사회에서 사물들은 거꾸로 존재한다. 다시 말해, 경제는 더 이상 사람들에게 봉사하는 게 아니라, 사람이 경제를 위해 존재하는 것이다. 최근에 통과된 많은 법률들은 경제 활동에 맞추어서 제정되었는데, 혼자서 아이들을 교육시키며 판매원 일을 하는 여성과 아이를 돌보기 어려운 사람들은 더 이상 고려의 대상이 아니다. 우리가 사는 세계는 아동과 청소년들이 환영받는다는 느낌을 갖고 적절하게 발전할 수 있는 그런 환경이 아니다.

아동과 청소년들에겐, 세상이 자신들을 기다리고 있으며, 자신들이 중요하고, 우리가 그들에게 요구하는 것에 맞춰 자신들의 기회를 인지하고 열심히 노력해야 하며, 쓸모있는 사람이 되어야 한다는 느낌이 필요하다. 하지만 적지 않은 아이들이 노력할 만한 가치도 없는 환경, 이를테면 기회도 없고 전망도 없는 환경에서 자라고 있다. 이는 오로지 교육 시스템의 문제라기보다는 우리 모두와 관련된 문제이다. 위대한 교육학자 하르트무트 폰 헨티히가 — 신경생물학적인 관점에서 ― '유용해지기 위한 유용한 경험'[151]이라는 말을 했을 때 그는 이미 문제의 핵심을 알았던 것이다. 삶의 기본적인 동기는 신경생물학적인 욕구, 즉 다른 사람들에게 '보여지고', 그들로부터 인정받고 호감을 얻고자 하는 바람에서 나온다.

하르트무트 폰 헨티히의 의미에 따라 '유용해진다는 것'은 개인이 무의미하게 착취당해도 좋다는 뜻이 아니다. 또는 점점 더 많은 사람들을 병들게 하고 우울증에 빠지게 하는 기계로 전락하는 것에 찬성한다는 뜻도 아니다. 유용해진다는 것은 다른 사람들에게 어떤 의미가 되며, 개인이 공동체를 위한 기여를 통해 존중, 인정 그리고 삶의 기쁨을 찾는 것을 말한다. 이것이야말로 그리고 오로지 이것만이 아동과 청소년들의 경험에 '의미'를 부여해줄 수 있다. 젊은이들에게 이런 '의미'란 진공 상태에서 부여되는 게 아니며, 추상적으로 가르친다고 해서 얻을 수 있는 것도 아니고(예를 들면 규율을 통해), 냉소적인 대중매체조차 제공해주지 못한다. 아동과 청소년들은 오로지 구체적인 사람들로부터 '의미'를 얻을 수 있다. 즉 그들이 함께 구체적인 경험을 할 수 있고, 자신들에게 애정을 주며 ― 아이들을 믿기 때문에 ― 그래서 자신들에게 뭔가 요구할 수 있는 사람들로부터만 의미를 얻을 수 있는 것이다.

교육과 교양의 요점은 아이들이 실제의 사람들과 행하는, 손에

잡히는 실제의 경험이다. 생생하게 행하는 공동작업과 개인적으로 체험한 좋은 본보기들은 동기를 갖기 위한 전제조건이며, 인간관계를 맺고 공동체 생활을 잘할 수 있는 능력의 전제조건이 된다.[152] 물론 공동체는 수많은 다른 전제조건 외에도 규칙들을 필요로 하며, 또한 의심할 바 없이 규율도 필요하다. 하지만 규율만으로는 어떤 공동체도 생겨나지 않으며, 인간적인 공동체는 절대 나타나지 않는다. 잘 해봐야 몇 십 년 전에 우리가 경험해본 그런 독재가 나올 뿐이다. **공동체의 규칙보다 공동체가 우선이다.** 대부분 충분한 지원도 받지 못하고 공동체의 경험조차 제대로 하지 못한 채 자라난 아이들에게 규율을 요구한다는 것은, 집 앞에 지붕을 세우고자 하는 것과 같다. 젊은이들이 이해하는 마음자세로 규율을 만나기 전에, 그들은 개인적이고 충분히 좋은 경험을 해야만 한다. 그러니까 무엇 때문에 규율이 공동체에 유용한지 그 의미를 파악할 수 있는 경험을 많이 해야 한다는 말이다.

아동과 청소년들은 사회 규칙들과 함께 살아야 한다. 우리가 호소해야 할 것은 규율의 훼손도 사회 규칙의 경멸도 아닌, 너무나 많은 아이들이 이런 규칙들과 함께 살지 않았으며 앞으로도 그럴 것이라는 사실이다. 어른들이 — 매출액에만 관심있는 산업에 방해가 되지 않기 위해 — 수십만 명의 아동과 청소년들을 지도하고 지원하지 않고, 적절한 요구를 하지 않으며, 컴퓨터로 고문하고 살해하는 놀이를 하도록 허락하는 나라에서, 규율을 찬양하라는 말은 지극히 기이하게 들린다. 청소년들과 함께 가치관에 대해 대화를 나누려면 우선, 잘 돌아가는 경제 외에 다른 가치가 우리에게 있기는 한지 자문해보는 일부터 시작해야 한다. 물론 우리에게는 잘 돌아가는 경제가 필요하다. 그러나 '잘 돌아가는 경제' 그리고 아이들과의 '인간적인 공동 생활'이 서로 표류하지 않는 나라에서만 젊은이들은 교육, 성적 그리고 가치관에 열광할 수 있게 될 것이다.

1. 베른하르트 부엡(Bernhard Bueb), 『규율을 칭찬하라(Lob der Disziplin: Eine Streitschrift)』, 리스트(List), 베를린, 2006(우리나라에는 『엄한교육 우리 아이를 살린다』(예담, 2007)로 번역 · 출간되었다—옮긴이).

2. 《차이트(Zeit)》지(紙)의 기자 라인하르트 칼은 이렇게 지적했다. "부엡이 규율 과 복종을 설파하기 시작하면, 세대 간 전쟁이 터질 것 같은 냄새와 탄약 냄새 가 난다." ('어른 되기. 혹은 교육의 발견(Erwachsen werden. Oder die Entdeckung der Erziehung)', 《차이트》, 2006년 9월 27일자)

3. 살렘 성 기숙학교의 학생대표 더스틴 클링어가 한 말 가운데 읽을 만한 내용을 소개하자면 이렇다. "부엡 박사는 오만한 떠버리가 아닙니다. 학생 한 명이 2년 동안 그의 교육을 받은 뒤에, 그의 선생에게 답을 한 것이죠."(《프랑크푸르터 알게마이네 차이퉁(Frankfurter Allgemeine Zeitung)》, 2007년 1월 18일자)

4. 미국에서는 "피상적인 성적 테스트와 성공하지 못한 학교에 대한 제재 조치에 도 불구하고", "성적이 나쁜" 학교의 성적이 향상되지 않았다. 왜냐하면 "테스 트를 너무 남발하는, 일종의 인플레이션"이 있었지만, 이런 테스트들이 "문제 학교에 구체적인 도움"이 되지 않았기 때문이다.('커다란 차이. 향상되지 않는 미국의 학교체계', 탄예프 슐츠(Tanjev Schultz), 《쥐드도이체 차이퉁Süed-deutsche Zeitung》, 2006년 11월 4일자 참조) 학교에 행정직원들과 통계 담당 자들이 점점 더 늘어남으로써 비용도 늘어나고 권력도 이들의 손에 들어가게 되 는 반면, 교사들은 예나 지금이나 많은 학생들과 부족한 학교 시스템으로 온갖 고생을 하는 모습을 보면 마음이 착잡하기만 하다. 가령 바덴-뷔르템베르크 주

에서는 통제를 위해 대략 280명의 교사들을 학교에서 물러나게 했는데(《바디세 차이퉁Badische Zeitung》, 2006년 12월 14일자), 이와 동시에 종일수업을 하는 학교가 부족해졌고 교사들은 너무나 많은 학생들을 가르쳐야만 했다. 학교 자체에 심어줄 수준 높은 현안에 관해서는 6장을 참조하라.

5. 슈투트가르트 보건소(비르기트 슈미트-라헨만 박사와 그의 동료들) : 「청소년 건강연구(Jugendgesund-heitsstudie)」, 슈투트가르트, 2000.

6. 《독일 의사 신문(Deutsches Ärzteblatt)》 99호, A1436-A1441, Ziegert, B., und Kollegen, 2002.

7. 크리스티나 베커만, 레기나 퀼러: '베를린 초등학교는 폭력행위를 보고하는 경우가 점점 더 늘고 있다.' (《벨트(Die Welt)》, 2006년 12월 14일자), 헬무트 호흐실트: 인터뷰(《슈피겔》 49/2006), 레기나 뢴히: '테러리스트들. 우리는 범죄 아동들에게 항복할 것인가? (Die Terroristen. Kapitulieren wir vor kriminellen Kindern?)' (《프랑크푸르터 알게마이네 차이퉁》, 2006년 12월 16일자)

8. 가장 최근에 실시한 인구조사에 따르면 독일에는 아버지, 어머니 그리고 한 명의 자녀로 구성된 가족이 1,260만 가구나 된다고 한다.(《슈피겔》 2006년 12월) 독일 수상 게르하르트 슈뢰더는 1998년에 당시 가족부의 여성 장관이었던 크리스티네 베르크만을 "가족과 그 밖의 야단법석인 일의 전문가"라고 불렀다. 슈뢰더는 500쪽이 넘는 그의 회고록(『결단(Entscheidungen)』, 호프만 운트 캄페 (Hoffmann und Campe), 함부르크 2006년)에서도 교육 현안에 관해서는 책의 마지막 부분에 가서 겨우 한 쪽(!)을 할애했는데, 그조차 교육이 중요하다는 일반론적인 언급 외에는 아무런 내용이 없다.

9. '아이들을 위해 너무 적은 돈(Zu wenig Geld für Kinder)' (《일요일의 세계 (Welt am Sonntag)》, 크리스토프 케제(Christoph Keese), 2006년 11월 12일)

10. 더스틴 클링어, 《프랑크푸르터 알게마이네 차이퉁》, 2007년 1월 18일.

11. 유전자가 어떻게 일하는지에 관해서는 다음의 책을 참조하라. 요아힘 바우어:
『몸의 기억: 관계와 삶의 양식이 우리의 유전자를 어떻게 조정하는가(Das
Gedächtnis des Körpers: Wie Beziehungen und Lebensstile unsere Gene
steuern)』, 피퍼(Piper) 시리즈, 뮌헨, 2004. 혹은 요아힘 바우어: 『인간성의
원칙: 왜 우리는 태어날 때부터 협력하는가(Prinzip Menschlichkeit: Warum
wir von Natur aus kooperieren)』, 호프만 운트 캄페, 함부르크, 2006(우리
나라에는 『인간을 인간이게 하는 원칙: 인간의 본성은 협력 메커니즘을 따른
다』(에코리브르, 2007)로 번역 · 출간되었다—옮긴이).

12. nature는 자연적인 상태(유전자를 포함한), nurture는 환경의 영향을 말한다.

13. 이렇듯 유전자에 관해 결코 연구를 해본 적이 없는 리처드 도킨스의 베스트셀
러 『이기적 유전자』는 과학이라기보다 과학소설에 가깝다. 그의 사회생물학적
이데올로기에 관한 상세한 토론은 내 책 『인간을 인간이게 하는 원칙』 5장을
참조하라.

14. 아이의 발달에 영향을 주는 조건을 들자면, 당연히 신체적으로 손상을 입지 않
아야 하고, 건강식품을 먹어야 하며, 충분한 수면을 취해야 한다. 여기에서 후
자의 조건들은 원래 이 책에서 다룰 주제는 아니지만, 내가 앞으로 서술하게
될 문제와 관련해서 지속적으로 영향을 준다. 일련의 연구에 따르면, 인간관
계를 제대로 맺지 못하는 환경에서 자라고 있는 아이들은 건강에 해로운 생활
을 하고 있으며 영양섭취도 좋지 않고 잠도 적게 잔다고 한다.

15. 마태복음 7장 16절.

16. 뇌의 동기체계와 이들이 생산해내는 전달물질에 관해 자세히 알고 싶으면, 내
책 『인간을 인간이게 하는 원칙』 2장을 참조하라.

17. 이것은 다양한 신체 자생의 전달물질들이지만 작용은 비슷하다. 그래서 보통

그룹으로 이름을 부르며, 나 역시 마치 단 하나의 전달물질인 것처럼 서술하고 있다.

18. 내 책 『인간을 인간이게 하는 원칙』 2장, 3장과 비교해보라.

19. 물론 현실적인 가능성을 말한다. 만일 한 아이가 인정받고 싶다는 기대를 갖고 친밀한 사람이 자신에게 요구하는 것을 실행했음에도 불구하고 기대했던 관심을 얻지 못한다면, 앞으로는 더 이상 동기체계가 작동하지 않는다. 좋든 싫든, 모든 경험들은 신체에 의해서 기억된다.

20. 플라톤의 스승이었던 소크라테스(기원전 469–399)는 용기, 지식(현명함), 정의와 절도(신중함)를 네 가지 기본 덕목으로 정의했다.

21. 독일에서는 현재 70만 명의 젊은이들이 게임에 빠져 있는데, 그들은 매주 20시간 이상을 컴퓨터 게임을 하느라 소모한다. 이보다 적게 게임을 하는 사람들도 게임에 종속되어 있으며, 매일 한 시간 이상 컴퓨터 게임을 하는 아동과 청소년들은 중독에 빠질 가능성이 매우 높다.

22. 이와 관련된 연구와 게임중독의 심리를 매우 흥미롭게 묘사한 또 다른 사람으로 토마스 틸(Thomas Thiel)이 있다. 토마스 틸: 『그것은 지옥이었다(Es war die Hölle)』, 《프랑크푸르트 알게마이네 차이퉁》, 2007년 1월 5일자(더 많은 정보를 원하면 www.internetsucht.de를 참조하라.)

23. 1925년 캐나다에서 태어난 심리학자 앨버트 반두라(Albert Bandura)는 미국의 여러 대학에서 연구를 하고 가르쳤으며, 현재는 스탠퍼드 대학에 재직 중이다.

24. 전자는 전형적인 조건부, 후자는 자발적인 조건부라고 부른다.

25. 거울뉴런 시스템에 관한 상세한 내용은 다음의 책을 참고하라. 요아힘 바우어: 『왜 나는 네가 느끼는 것을 느낄까: 객관적인 대화와 거울뉴런의 비밀(Warum ich fühle, was du fühlst: Intuitive Kommunikation und das Geheimnis der

Spiegelneurone)』, 하이네 타셴부흐, 뮌헨, 2006(우리나라에는『공감의 심리학: 말하지 않아도 네 마음을 어떻게 내가 느낄 수 있을까』(에코리브르, 2006) 로 번역 · 출간되었다──옮긴이).

26. 『공감의 심리학: 말하지 않아도 네 마음을 어떻게 내가 느낄 수 있을까』참조. 이와 관련한 지오반니 부치노(Giovanni Buccino)와 그의 동료들의 연구도 참조할 만하다(42:323, 2004).

27. 다른 사람으로 인해 자신이 변하는 과정은 비슷하게 된다는 의미에서 '동일화' 라고 부른다.

28. 7장 참조.

29. 물론 개별 성적을 보여주게 되면 그 즉시 격렬하고도 부정적인 반응, 즉 '특징 있는' 교사들에 대한 공격이 있을 수 있다. 이는 그들이 수업 참여자 모두에게 지루한, 이를테면 '규정에 따른 수업' 을 한 결과이다. 물론 '특징있는' 교사들은 자신의 직업적 역할 내에서 움직일 수 있는 자유가 있어야 하고, 학생들에게 어떤 형태로든 상처를 줘서는 안 된다.

30. 교사들을 직속상관이나 외부의 인물로 하여금 평가하도록 하는 조치는 모순적인 효과를 가져올 수 있고, 교사들을 '특징 없는' 인물로 전락시킬 수 있다. 이렇게 되면 결국, 정말 끔찍하고 형편없는 수업을 했다고 교사들을 비난할 수도 없게 된다.

31. 그와 같은 비전은 현실적이어야 하지만, 전부 다 맞아야 할 필요는 없다. 왜냐하면 반드시 들어맞는 게 중요한 건 아니기 때문이다. 다루기 힘든 소년에게 "널 보면 말이야, 체력이 좋아서 언젠가 멋진 축구팀 코치(혹은 피트니스 센터의 트레이너)가 될 수 있을 것 같구나"라는 소견은, 이 말이 진짜 실현되기 때문이 아니라, 아이가 현재의 상태, 선생이나 부모가 보는 가능성 외에도 자신에게 또 다른 잠재능력이 있음을 알게 되기 때문에 효과가 있다.

32. 앞으로 등장하는 '공격성'은 분노와 연관된 파괴적인 공격성을 말한다. 몇몇 심리학파는 원동력/동기('공격하다'라는 뜻의 라틴어 'aggredere'는 '어떤 것에 다가가다'라는 뜻도 지닌다)라는 의미의 공격성과, 분노(파괴적인 분노)라는 의미의 공격성을 하나의 가설로 통합했다. 이는 신경생물학적인 시각에서 보면 수용할 수 없는 부분이다. 신경생물학과 심리학에서 말하는 공격성을 좀 더 자세히 알고 싶으면 내 책 『인간을 인간이게 하는 원칙』을 참조하라.

33. 사람의 뇌에서 주로 '충동을 관할하는 중심부'는 이미 언급했던 동기체계인데, 이 체계는 정신질환이 있는 사람이 아니라 건강한 사람에게 인간관계와 사회적 공동체 구성을 요구하며, 바로 이런 이유로 '사회적 뇌'라는 개념이 나오게 됐다. 그 밖에 동기체계의 목표는 신체의 기본적 욕구 충족이다(음식물과 온기). 지속적으로 소외된 상태는 음식물을 섭취하고자 하는 충동과 생존해야겠다는 충동을 마비시킨다. 즉, 우선적인 동기목표(사회적 공동체)가 달성되지 않으면, '생존의 충동'이 뇌의 시각에서 의미를 상실해버린다. 이와 관련해 보다 많은 것을 알고 싶으면 내 책 『인간을 인간이게 하는 원칙』을 참조하라.

34. 그 외에도 공포와 공격성이라는 두 가지 현상 사이에 기능적인 연관성이 있다. 외부의 협박은 곧장 공포와 공격성을 불러일으키거나, 둘 중 한 가지를 야기할 수 있다. 공포만 생길 경우 도망치거나 공격성이 나타날 수 있다(싸우거나 혹은 도망치거나).

35. 나오미 아이젠버거(Naomi Eisenberger)와 동료들: '거절은 상처를 줄까? 사회적 배척에 대한 fMRI 연구(Does rejection hurt? An fMRI study of social exclusion)', 《사이언스(Science)》302: 290, 2003.

36. 롤프 뢰버(Rolf Loeber)와 동료들이 쓴 다음의 자료를 참조하라. '젊은이들에게 나타날 수 있는 폭력성과 살인의 예측(The prediction of violence and

homicide in young men)', 《Journal of Consulting and Clinical Psychology》 73: 1074, 2005.

37. 철학자 페터 슬로터다이크(Peter Sloterdijk)는 그의 책 『분노와 시간(Zorn und Zeit)』(주어캄프, 프랑크푸르트 암 마인, 2006)에서 '분노의 창고'에 보관되어 있는 '분노의 양'에 관해 얘기했고, 무엇보다 제대로 보살핌을 받지 못하고 사회적으로 기회가 없는 젊은이들에게서 흔히 볼 수 있는 '분노라는 보물이 형성되는 과정'에 관해서도 얘기했다. 철학적 거만함만이 이런 방식을 취할 수 있는데, 슬로터다이크는 위험한 감정의 정체를 서술하고 있는 심리학과 심리분석을 경멸스럽다며 비판했다.

38. 헬무트 호흐실트(Helmut Hochschild) : '시스템이 병들어 있다(Das System ist krank)', 《슈피겔》49/2006. 헬무트 호흐실트는 교사들이 경고를 외치면서 유명해진 베를린 뤼틀리 학교의 교장을 맡고 있다(뤼틀리 학교는 우리나라로 치면 실업학교인데, 2005/2006년에 학생수가 267명이었다. 그런데 이 학교의 교사들은 2006년에 베를린 시 행정부에, 학생들의 폭력을 더 이상 견딜 수 없으니 학교를 폐쇄해달라는 청원서를 제출했다. 이로 인해 독일에서는 학교체계, 학교 내 폭력, 이민학생들의 통합 문제들에 관한 논쟁이 불붙게 되었다 — 옮긴이).

39. 이로써 이미 인용했던 살렘 성 기숙학교의 학생대표 더스틴 클링어는 잘못 짚은 것이 되었다. 《프랑크푸르터 알게마이네 차이퉁》, 2007년 1월 18일자.

40. 『미래의 온실(Treibhäuser der Zukunft)』은 새로운 학교 형태에 관해 라인하르트 칼(Reinhard Kahl)이 정리한 탁월한 기록의 제목이다(소책자와 함께 세 장의 DVD, 벨츠(Beltz), 3쇄, 바인하임, 2006).

41. 여기에 대략 5천 개의 사립학교가 더 있다.

42. 학교는 좋은 성적이 나오기를 요구해도 되고 마땅히 그렇게 해야 한다. 아동과

청소년들은 어른들이 목표를 정해주길 원하지만, 이 목표들은 달성할 수 있는 것이어야 한다. 달성할 수 있는 목표들(스트레스 연구에서는 이를 '컨트롤할 수 있는 스트레스'라고 부른다)은 우려할 필요가 없다. 달성할 수 없는 과도한 목표들('컨트롤할 수 없는 스트레스')이 사람을 병들게 한다.

43. 이 부위를 편도핵(Corpora amygdala)이라 부른다. 이것들은 자극적인 신경 전달물질 글루타민산염을 방출한다. 음식물과 함께 복용한 글루타민산염은 간을 통과해서 신진대사에 사용된다. 음용 글루타민산염이 뇌에 미치는 해로운 효과에 관해서는 확실한 증거가 없다.

44. 편도핵은 글루타민산염을 방출하여 시상하부에 있는 스트레스 센터를 활성화시킨다. 즉, 편도핵은 시상하부에서 스트레스 유전자인 '부신피질 자극 호르몬 방출 호르몬(corticotropin releasing hormone, CRH)'을 작동시킨다. 다른 한편으로 글루타민산염은 뇌간에 있는 스트레스 센터를 활성화시키고, 특히 뇌간에서는 노르아드레날린(심장과 신진대사에 영향을 줌)과 아세틸콜린(수면장애를 유발할 수 있음)을 방출한다. CRH가 활성화되면 부신(副腎)에서 스트레스 호르몬 코르티솔이 나온다. 코르티솔은 신체의 면역기능을 약화시킬 수 있다. 그 밖에도 코르티솔이 많아지고 동시에 글루타민산염도 많아지면 신경세포에 독성이 생긴다. 즉, "스트레스는 사람을 멍청하게 만든다".

45. 하지만 우리는, 많은 아이들이 오늘날에도 여전히 과거처럼 자식들을 위축시키는 폭력적인 부모 밑에서 크고 있다는 사실을 간과해서는 안 된다.

46. 심리학에서는 이를 '기능으로 인한 쾌감' 혹은 '자기효과 체험'이라고들 한다.

47. 이 문제와 관련하여 어머니들은 대체로 그들이 할 수 있는 모든 것을 이미 하고 있다. 많은 아동과 청소년들, 무엇보다 소년들에게 부족한 것은 바로 자신에게 관심을 가져주는 아버지이다.

48. 이에 관한 상세한 묘사는 내 책 『인간을 인간이게 하는 원칙』을 참조하라.

49. 〈Rhythm Is It!〉(2004). 감독: 토마스 그루베(Thomas Grube) / 엔리크 산체스 란시(Enrique Sánchez Lansch), 지휘: 사이먼 래틀 경(Sir Simon Rattle), 무용 안무: 로이스턴 말둠(Royston Maldoom). (2003년 2월, 베를린 필하모니와 지휘자 사이먼 래틀은 250명의 아동과 청소년들로 구성된 프로젝트를 시작했다. 학생들 대부분은 베를린의 소위 '문제아' 들로, 이들은 프로젝트 이전에는 클래식 음악과 무용에 대해 아는 게 전혀 없었다. 이들이 6주간의 연습을 거쳐 발표회를 하는 내용은 다큐멘터리로 제작되었고, 이 다큐멘터리가 폭발적인 인기를 얻자 계속해서 만들어지고 있다. 2005년에 독일 비평가 상을 수상했고, 같은 해 독일 최고의 다큐멘터리 상을 수상했다.―옮긴이)

50. 많은 학교에서 체육 수업은 드물게 이루어진다. 학교 건물이 붕괴할 위험성이 있다는 불평들은 체육관에도 해당되는데, 붕괴 위험과 그 밖의 결함으로 폐쇄해야만 하는 체육관이 많아 체육 수업이 실내에서 이루어지기 어렵다.

51. 옛날 방식으로 가르치는 체육 수업은 시대를 거스르는 유물이며, 그런 수업은 정말 그것을 배우고자 하는 학생들에게만 제공해야 한다. 그 밖에 다른 학생들은 '운동'을 할 수 있으면 된다. 가령 신체에 대한 느낌을 계발하고 신체로 표현하는 다양한 가능성을 배우는 것인데, 신체의 언어를 알아가는 게임에서 시작하여 여러 가지 춤까지 발전할 수 있다. 이런 종류의 커리큘럼은 ― 라인란트 팔츠 주(州)의 교육 및 건강진흥과(課)와 협력하여 ― 브리기테 호이징어 폰 발데게(Brigitte Heusinger von Waldegge)가 개발했다. 다음을 참조하라. 「학교에서의 운동(Bewegung in der Schule)」, 건강 진흥을 위한 자료, 라인란트 팔츠 주 건강진흥과에서 발행, 라인란트팔츠 문서 번호 107, 마인츠, 2006.

52. 더스틴 클링어의 인터뷰, 《프랑크푸르터 알게마이너 차이퉁》, 2007년 1월 18일자.

53. 크리스티안 파이퍼(Christian Pfeiffer)(독일 니더작센 주 범죄학 연구소의 소
    장으로, 학생들의 행동에 관한 수많은 연구를 진행함)의 인터뷰,《타게스슈필
    (Tagesspiel)》, 2006년 11월 22일자.

54. 학교에서는 관계 형성이 부족한 경우가 많은데, 교사들이 학생들에 관해 대화
    를 너무 적게 나누는 경우도 그에 속한다. 그와 같은 대화 ─ 교사들이 재미를
    잃고 질이 떨어지면 ─ 는 무의미한 장광설과 다름없다("내 동료가 이런저런
    학생에 관해서 말하는데, 그건 이미 나도 잘 알고 있지."). 학생에 관한 이야
    기를 주의 깊게 경청하고, 공동으로 심사숙고하는 대화 ─ 의사들이 자주 한
    환자에 관해 의견을 교환하고 이로부터 이점을 얻듯이 ─ 는 결정적인 추진력
    을 제공할 수 있다(3장, 4장, 7장 참조).

55. 종일 배울 수 있는 가능성들이 구비되어야 하고, 이와 함께 아이들을 이끌어가
    는 일도 같이 발전시킬 수 있다. ('후원과 요구'. 교육 노조와 교사 노조, 그리
    고 주 정부 문교부 회의의 공동 설명. 2006년 10월 19일).

56. 사회적인 프로젝트라 함은 학생들이 '유용하게 되기 위해 필요한 경험'을 소
    개해주는 것이다(하르트무트 폰 헨티히(Hartmut von Hentig): 보호감찰. 유
    용한 경험으로부터 유용하게 되기, 한저, 뮌헨, 2006).

57. 학교 건물의 유지는 대부분 지방자치단체가 맡고 있다.

58. 부모들에게 연락이 닿지 않는 것은 도시에 사는 아이들만의 문제라는 가정은
    오류다. 시골 학교의 경우도 마찬가지라는 보고가 있다.

59. 이와 관련해서는 뤼틀리 학교 교장의 긍정적인 경험을 참고하는 것이 좋겠다.
    헬무트 호흐실트(《슈피겔》 49/2006년).

60. 라인 강 상류에 있는 프라이부르크에서는 몇 년 전부터 학교와 경감이 이끄는
    폭력방지부서 사이에 탁월한 협조가 이루어지고 있다. 양측은 정기적으로 만
    나며, 필요할 경우에는 전문가들의 도움을 받기도 한다.

61. 교사들의 명예를 체계적으로 실추시키는 비판에 관해서는 마티아스 카만을 참조하라. 마티아스 카만(Mattias Kamann): '교사들에 대한 경멸(Verachtung der Lehrer), 《벨트》, 2006년 12월 2일.

62. 이는 실업학교뿐 아니라 인문학교 교사들 모두에게 해당된다. 다음의 자료를 참조하라. 요아힘 바우어와 동료들: '독일 교사 949명의 노동 조건, 불쾌한 사건, 정신 건강 문제들', 《International Archives of Environmental and Occupational Health》 80: 442-449, 2007.

63. 요아힘 바우어와 동료들: '교사들 사이에서 볼 수 있는 소진 증후군과 심리적, 심신상관적 증후 사이의 관계', 《International Archives of Environmental and Occupational Health》 79: 199, 2006. 그 외에 다음의 자료를 참고하라. 토마스 운터브링크와 동료들: '독일 교사 949명의 소진 증후군과 노력-결과 불균형', 《International Archives of Environmental and Occupational Health》 80: 433-441, 2007.

64. 호르스트 쾰러(Horst Köhler), 2006년 9월 21일 베를린의 케플러 고등학교에서 했던 연설.

65. 교사로서 건강하게 살 수 있으려면 낙관주의만으로는 부족하기 때문에, 수많은 의사와 심리학자들이 교사들의 건강을 연구한다. 그 분야의 전문가들 중 한 명이며, 포츠담 대학에서 심리학 교수로 재직 중인 우베 샤르슈미트의 책이 출간되었다. 우베 샤르슈미트(Uwe Schaarschmidt), 『학교 일상을 위해 장비 갖추기. 남녀 교사들을 위한 심리적 지원 가능성들』, 벨츠, 바인하임, 2007.

66. '후원과 요구'. 교육 노조와 교사 노조, 그리고 주 정부 교육부 회의의 공동 설명. 2006년 10월 19일.

67. 프랭크 맥코트(Frank McCourt). 《이모션(emotion)》 지와의 인터뷰, 2006년 12월. 교사 생활을 했던 수십 년 동안 그는 주목받는 책들을 많이 출간했다(프

랭크 맥코트: 『밤과 낮 그리고 여름에도(Tag und Nacht und auch im Sommer)』, 룩터한트, 뮌헨, 2006).

68. 마이클 발린트(Michael Balint, 1896-1970), 헝가리에서 태어난 의사이자 정신분석학자로, 1939년에 영국으로 이민을 갔으며 1900년대 중반부터 의사들에게 훗날 '발린트-그룹'이라 불리는 과정을 가르쳤다. 이는 환자들을 전반적으로 다루는 법인데, 신체적인 증상뿐 아니라 정신적인 상황도 이해하고, 이 두 가지를 고려해 치료하도록 가르치는 과정이다.

69. 프라이부르크 모델에 따라 만든 '교사-코칭 그룹'은 현재 주 정부의 지원을 받는 프로젝트('오래 가르치기')로 남부 바덴 지방뿐 아니라 바이에른 주에도 있다. 바이에른 주에서는 교사협회가 '교육자들의 건강을 위한 연구소'를 결성했다(바이에른 주의 보험협회에서 지원한다). 교사-코칭 그룹에서 하는 일은 이미 출간되어 있는 매뉴얼을 기본으로 한다(다음을 참조하라. 요아힘 바우어의 '학교를 바꾸자!(Schule verändern!)', 『Psychologie Heute Compact』, 16권, 2007).

70. 다른 문화권 출신의 교사들이 우리의 수업 과정을 체험한 결과는 매우 흥미롭다. 과테말라의 교사 사울 인테리아노(Saul Interiano)는 예전에 거리를 떠돌며 자란 소년이었는데, 베를린 파울로 프레이리 연구소의 연수 프로젝트에 따라 베를린 프리드리히스하인의 하우스부르크 초등학교를 방문했다. 이 학교 학생의 절반은 독일어를 사용하는 아이들, 그리고 나머지 절반은 스페인어를 사용하는 아이들이기에 이 학교는 두 가지 언어로 수업을 한다. 베를린에서의 경험에 대하여 인테리아노는 이렇게 보고했다. "교사와 학생 사이의 관계에서 차이점이 있다. 독일 교사들은 아이들과 거리를 두고, 스페인 교사들과 라틴 아메리카 교사들은 아이들과 신체적으로 더 자주 접촉한다. …… 교사의 책상은(독일 교사의 경우) 수업 자료를 얹어두는 데 그치지 않고, 가르치는 사람을

배우는 사람들과 격려하는 참호의 기능도 한다. …… 독일 교사들은 학생들을 경시하는 언급을 하며, 무시하는 비교도 한다. 즉, 모순적이게도 다른 문화권 교사들은 조용히 하라고 학생들에게 고함을 지른다는 것이다."(출간되지 않은 서류, 2006년). 캐나다의 심리학자 고든 뉴펠드(Gordon Neufeld)도 같은 말을 한다. "교사들은 수업 시간만이 아니라, 복도, 쉬는 시간 그리고 점심 시간에도 나타나야 한다. 학생들과 진정한 관계를 맺기 위해서 말이다."(고든 뉴펠드: '좌절에 반대하여', 《벨트》, 2007년 2월 10일).

71. 《이모션》지와의 인터뷰(2006년 12월)에서 인용.

72. 그와 같은 그룹의 자격있는 진행자라고 한다면, 승인을 받은 심리치료사나 심리치료 과목을 부수적으로 배운 의사를 꼽을 수 있겠다. 진행자가 이미 그룹을 지도해보았고 질풍노도의 시기를 넘겨 삶에 대해 어느 정도 경험을 가진 자라면 훨씬 나을 것이다.

73. '교직원들의 건강을 위한 뮌헨 연구소'가 정규적으로 실시하는 행사이다.

74. 빌레펠트의 사회학자 클라우스 후렐만의 보고에 따르면, 독일에는 10세까지의 아동들 가운데 보살핌을 받지 못하고 자라는 아이들이 대략 8만여 명이나 된다고 한다.

75. "지금까지 나온 결과들은 교사들의 건강 상태와 집단의 분위기 사이에 밀접한 연관이 있음을 보여준다. 다른 학교보다 훨씬 대화가 잘 이뤄지는 학교를 보면, 이들 학교에선 특별히 연대를 잘 하는 분위기를 발견할 수 있다." 우베 샤르슈미트는 포츠담 교사연구 가운데 2부의 결과를 요약하면서 이렇게 쓰고 있다(2006년 12월 12일 최종 회의에서). 그 다음에 출간된, 교사들의 건강 문제를 다룬 책에서도 다시 한번 그 점이 언급되었다. 우베 샤르슈미트, 울프 키시케(Ulf Kieschke, 발행인): 『학교 일상을 위해 장비 갖추기. 남녀 교사들을 위한 심리적 지원 가능성들』, 벨츠, 바인하임, 2007.

76. 학교가 주로 부정적인 피드백을 받게 되는 것은, 학교의 약점과 실수 때문만이 아니라, 수년 동안 이어진 교사들에 대한 선동적 캠페인의 영향으로 인해 감사하는 문화가 파괴된 탓이다. 그리하여 교사들은 아이를 아인슈타인으로 만들지 못했다는 비난을 듣게 된다. 공부를 하고자 하는 동기가 전혀 없던 학생에게 동기를 갖게 해준 교사에 대해 학부모들이 감사하는 경우는 유감스럽게도 매우 드물다.

77. 대표적인 규칙으로는 다음의 것들이 포함된다. 친절과 기꺼이 도와줄 마음 자세, 폭력의 포기, 모욕적인 욕설 하지 않기, 다른 사람들을 무시하지 않기(학생들은 물론 교사들도), 휴대전화 사용금지, 그리고 수업 시간에 개인적인 언론 도구들을 금지하는 것이다.

78. 직장인들에게 극도의 피로를 일으키는 중요한 원인을 조사해보니, 세부사항까지 정해두고 동시에 매우 높은 부담('높은 요구-낮은 영향력')을 주는 것이었다.

79. 대부분 우울증이 생긴다. 위협을 당하는 남녀 교사들의 경우, 두려움이나 부상에 따른 장애이다. 스트레스성 순환기 질환, 귀울림 혹은 만성적 심신상관성 고통이 흔히 나타난다.

80. 동기를 계속 유지하기 위해, 사람들은 자신들이 한 행동에 대해 보상을 필요로 한다. 가장 중요한 보상은 주변으로부터 인정받는 것이다. '노력'과 '보상'은 균형이 잘 잡혀야 한다. '노력과 보상의 불균형' 혹은 '보상 위기'는 ─ 이는 직장인들에게 해당된다 ─ 질병을 유발할 위험이 있다. 몇 가지 조사를 통해 확인한 바에 의하면, 교사들 가운데 22퍼센트에게서 '노력과 보상의 불균형' 상태가 뚜렷이 나타난다. 이와 관련해서 다음을 참조하라. 토마스 운터브링크와 동료들: '독일 교사 949명의 소진 증후군과 노력-결과 불균형', 《International Archives of Environmental and Occupational Health》 80:

433-441, 2007.

81. 과거 정신분석학자였던 후베르트 텔렌바흐를 중심으로 하는 하이델베르크 학
파에서는 그와 같은 상태에 대해 '의무에 대한 도취' 라는 아주 아름다운 이름
을 붙여주었다. 또한 그들은 일 혹은 업무에 중독되어 있는 사람은 어떤 문제
가 있는지 잘 표현했다.

82. 예를 들어 스포츠, 음악, 노래, 공작, 놀이, 단체 활동, 긴장 해소와 명상.

83. 여기서 서술하는 유형들은 포츠담 대학 심리연구소의 소장을 맡고 있는 우베
샤르슈미트의 '직장과 관련된 태도와 체험 유형(Arbeitsbezogenen
Verhaltens- und Erlebensmuster)' 을 참고로 했다.

84. 유감스럽게도 교사들은 일상의 긴장으로 말미암아, 대부분 무의식적으로, 아
주 쉽게 냉소적으로 변하며, 모욕적이거나 동기를 잃게 만드는 발언들을 한다.
가령 나도 이런 말을 들었다. "새 학년이 이제 막 시작되었지만, 나는 벌써부
터 너희들한테 분명하게 해줄 수 있는 말이 있지. 다름이 아니라, 너희들 가운
데 3분의 1은 절대 해낼 수 없다는 거야!" 혹은 "그래, 나는 너한테 이 이상은
기대하지도 않았어!"

85. 물론 순수성의 한계도 존중해야 한다. 즉, 교사와 학생 사이의 관계에서만 순
수성을 적용해서는 안 된다. 교사들은 자신의 사적인 문제와 근심을 수업 시간
에 전해서는 안 된다. 또한 분노나 자신의 개인적인 상황과 관련된 긴장상태
역시 수업에서 발산해서는 안 된다. 자신들이 처해 있는 상황으로 말미암아 사
생활과 수업을 구분할 수 없는 교사들은 반드시 전문가의 도움을 받아야 한다.

86. 우베 샤르슈미트, '마틴 슈피박과의 인터뷰(Interview mit Martin Spiewak)' ,
《차이트》, 2006년 12월 14일.

87. 일찍 퇴직하는 비율은 몇 년 전만 하더라도 50퍼센트 이하였는데, 물론 단기적
으로 그러했다. 정년 이전에 일찍 퇴직하는 남녀 교사들은 대부분 정신적 그리

고 심신상관적 건강상의 문제로 그만둬야 했다는 사실이 연구에서 밝혀졌다. 당시 에어랑엔/뉘렌베르크 대학에 근무했던 의학자 안드레아스 베버의 조사에서 나온 결과이다. 이와 관련해서 다음을 참조하라. 안드레아스 베버와 동료들: '교사들에게서 나타나는 조기 근무 장애. 사회적 그리고 직업의학적 측면(Frühinvalidität im Lehrerberuf. Sozial- und arbeitsmedizinische Aspekte)', 《Deutsches Ärzteblatt》 101: 712, 2004.

88. 이 설문지는 우베 샤르슈미트 교수가 개발한 것으로, 아직 구입할 수는 없고 대학에 요청을 해야 한다. 주잔네 헤를트와 우베 샤르슈미트: '교사직에 적합할까? - 자가 테스트(Fit für den Lehrerberuf? - Selbsteinschätzung)'

89. 주잔네 헤를트와 우베 샤르슈미트: '교사직에 적합할까? - 자가 테스트(Fit für den Lehrerberuf? - Selbsteinschätzung)'

90. 다음의 자료를 참조하라. 토마스 라이프(Thomas Leif): 컨설팅과 판매하기(Beraten und verkauft). McKinsey & Co. - 기업 컨설턴트라는 엄청난 속임수(der grosse Bluff der Unternehmensberater), 베르텔스만, 뮌헨, 2006.

91. 우베 샤르슈미트의 경우, 탁월하고 경험 많은 심리학자이자 교사 건강을 선구적으로 연구한 학자이므로 당연히 그와 같은 자격을 갖추고 있다.

92. 물론 2006년 12월에 슐레스비히-홀스타인 주의 교육과 여성부 장관인 우테 에르트지크-라베가 제안한 내용, 즉 첫 학기가 끝날 때 테스트를 치르자는 제안은 한번 더 생각해볼 가치가 있다.

93. 캐나다의 심리학자이자 저자인 고든 뉴펠드는 이렇게 말한다. "교사들은 전공 과목을 가르치는 것으로 임무를 다한 것이 아니며, 학생들과 진정한 관계를 맺을 수 있어야 한다."(《벨트》지와의 인터뷰, 2007년 2월 10일)

94. '후원과 요구'(교육 노조와 교사 노조, 그리고 주 정부 문교부 회의의 공동 설명. 2006년 10월 19일)에서 인용.

95. 프라이부르크 모델에 따른 '교사-코칭 그룹'을 위한 매뉴얼 '학교를 바꾸자!' 를 참조하라. 나는 사람들 사이의 관계를 구성하는 성분들에 관해서 내 책 『인간을 인간이게 하는 원칙』에서 이미 상세히 다루었다.

96. 교사들에게 중요한 신체언어를 가르치는 대학교수들은 매우 소수인데, 슈투트가르트에 있는 루돌프 하이데만(Rudolf Heidemann)이 그런 경우에 속한다. 그는 탁월한 교재를 쓴 저자이기도 하다. 그가 쓴 다음의 책을 참조하라. 『수업할 때의 신체언어: 교사들을 위한 충고(Körpersprache im Uniterricht. Ein Ratgeber für Lehrende)』, 크벨레 운트 마이어, 8쇄, 2007.

97. 1장과 비교해보라.

98. 문화 관련 저술가로 성공한 여성이 자신이 학창 시절에 겪었던 체험을 얘기해주었다. 고등학교 상급반에 있을 때 한번은 독일어 여선생님이 이렇게 물었다고 한다. "저자의 작품 가운데 뭐라도 읽은 사람?" 그런데 그녀는 다른 친구들 몇 명과 함께, 그 저자의 작품 가운데 그 어떤 것도 모른다고 고백했다. 그러자 여선생님이 놀란 표정으로 이렇게 말했다. "그의 작품을 하나도 읽지 않았다고? 나는 너를 그렇게 생각하지 않았는데!" 이 말을 듣자 처음으로, 여선생님이 자신에게 관심을 갖고 있으며, 자신을 특별한 학생이라고 믿었다는 생각이 들었다. 문화 관련 저술가인 그녀의 말에 따르면, 바로 그 일이 계기가 되어 지금의 자신이 되었다고 한다. 이것은 내가 1장에서 서술한 내용, 즉 학생들이 교사와의 관계에서 자아를 비추어보는 예라 할 수 있다.

99. 물론 부모나 다른 스승들(멘토)도 교사와 동일한 작용을 할 수 있다.

100. 라틴어로 'proximus'에서 나왔고, 가장 가깝다는 뜻이다.

101. 직접적인 행동반경은 대략 두 팔 길이 정도이다.

102. 이미 언급한 방식대로 해도 충분하지 않다면, 예를 들어 폭력을 사용하는 학생들이 이미 정신적인 문제나 반사회성을 갖고 있다면, 학교 내의 중재위원

회에게만 맡길 수 없다. 오히려 학교 관할 관공서와 경찰서의 폭력방지 전문 가들과 함께 적합한 전략을 개발하는 편이 더 좋다. 앞서 언급한 베를린의 뤼 틀리 학교 교장 헬무트 호흐실트는, 교사들이 정기적으로 경찰관들과 함께 학교를 순찰하자 폭력이 많이 줄어드는 경험을 했다.

103. 미국의 철학자 존 듀이는 하르트무트 폰 헨티히가 개발한 교육학적 발상에 영감을 주었다.

104. 삼각관계를 말한다. 기본적으로 이런 과정은 이미 유치원에서 시작되지만, 이때만 해도 그런 관계가 분명하게 감지되지는 않는다. 왜냐하면 이 시기의 아이들은 누구보다 부모에게 의지하고 보살핌도 대부분 집에서 받고 있기 때 문이다. 여기서 말하는 트라이앵글 관계는, 심리학에서 사용하는 전문용어와 는 다른 뜻으로 쓰인다. 즉, 심리학에서는 유아 시기에 어머니와 아이가 맺고 있는 한 쌍이라는 관계에 아버지가 등장하는 것을 일컬어 그렇게 부른다.

105. "우리는 삶을 위해서가 아니라 학교를 위해서 배운다(Non vitae, sed scholae discimus)"라는 유명한 말을 했던 로마의 철학자 세네카는 당시의 학교에 대하여 신랄한 비판을 했다. 그가 생각하기에 당시의 학교는 삶에 필 요한 것을 가르쳐주지 않았던 것이다(세네카, '루칠리우스에게 보내는 윤리 에 관한 서한들(Epistulae morales ad Lucilium)' 106, 12). 오늘날의 라틴어 교사들은, 물론 훌륭한 교육자들이기도 한데, 요즘 학생들을 분명하게 보여 주기 위해 세네카의 말을 완전히 뒤집어서 "우리는 학교를 위해서가 아니라 삶을 위해서 배운다(Non scholae, sed vitae discimus)"라고 표현하곤 한다.

106. 이 말은, 정신적 질환을 앓지 않는 건강한 아이들의 경우, 어떤 제한도 없이 12세까지 유효하다. 그런 상황을 많은 사람들이 겪어보았을 것이다. 즉, 아 이는 넘어지면 순간 어머니의 얼굴을 본다. 심하게 넘어졌는지, 그래서 눈물 을 흘려야 하는지를 어머니의 얼굴을 통해서 안다는 얘기다. 12세가 넘으면

아이는 부모의 견해를 여전히 인식하기는 하지만, 부모의 시각에 점점 반대하는 입장을 취한다.

107. 동기를 활성화시키기 위해서 자극을 받을 수 있고 이용할 수 있는 신경생물학적 시스템만 타고난다. 어린아이가 주변으로부터 체험하게 되는 것에서 자극이 나온다. 이 자극이 없으면, 최고로 탁월한 유전자라 할지라도 아무 소용이 없다.

108. 소위 말하는 자발적 동기, 그러니까 아이 스스로 찾게 되는 동기란 없다. 그런 표현은 이론적인 개념일 뿐이며, 책상머리에서만 나올 수 있다. 아이들은 기준을 제시해주는, 확고한 관계를 맺고 있는 가까운 사람들과의 경험을 내면화한다. 다시 말해 아이들은 원래 부모와 자신 사이에 맺어진 관계에서 반영된 전형적인 모델을 점점 신경생물학적인 망으로 고정시킨다. 이로 인해 부모의 사고방식과 태도는 아동과 청소년들에게 '자아'의 일부가 되어버린다. 이처럼 원래 관계를 맺으면서 발생하였으나, 나중에 자신의 자아로 받아들인 사고방식과 태도는 생생하게 살아 있게 되고, 활기찬 힘을 갖게 된다. 그리하여 아버지 혹은 어머니로부터 수년 동안 축구(혹은 바이올린 연주)를 완벽하게 할 수 있다고 용기를 얻은 아이는, 원래 부모로부터 나왔던 이 자극을 점점 자신의 충동으로 체험하게 된다. 사람들은 이런 것을 두고 자발적인 동기라고 부른다. 하지만 자발적인 동기 역시 상처를 받을 수 있다. 부모를 비롯한 부모에 버금가는 가까운 사람들과의 관계가 심각하게 훼손당하면, 아동과 청소년들에게 이미 자발적으로 보이던 동기가 갑자기 무너지는 것이다.

109. 그와 같이 끊임없이 주의력을 바꾸어야 하는 경우는 전형적으로 텔레비전에서 제공하는 방식이다.

110. 이와 관련해서 다음을 참조하라. 얀 플라이시하우어(Jan Fleischhauer)와 동료들: '목가적인 정경과의 작별(Abschied von Idyll)', 《슈피겔》 49, 2006년

12월 4일.

111. 살렘 성 기숙학교의 학생대표 더스틴 클링어는 흥미롭게도 텔레비전을 '교육에 가장 해로운 적'이라고 불렀다. 《프랑크푸르터 알게마이네 차이퉁》, 2007년 1월 18일.

112. 니더작센 주의 범죄학 연구소의 최근 연구를 참조하라(www.kfn.de).

113. 다른 연구도 많지만, 다음의 자료를 참조하라. 디미트리 크리스타키스(Dimitri Christakis)와 동료들: '아이들이 일찍부터 텔레비전에 노출된 결과 발생하는 주의력 문제', 《Pediatrics》 113: 708, 2004.

114. 다음을 참조하라. 마를라 아이젠베르크(Marla Eisenberg)와 동료들: '청소년들에게 있어서 가족식사와 심리사회적 웰빙의 상관관계', 《Archives of Pediatrics and Adolescence Medicine》 158: 792, 2004.

115. '아버지-결손'은 독일의 가족에서만 나타나는 게 아니라, 이주자들의 가족들에게서도 볼 수 있다. 이와 관련해서 다음을 참조하라. Nossrat Peseschkian: '동양: 아버지가 없는', 인터뷰, 《포커스(Focus)》 48, 2006년 11월 27일.

116. 바지는 혁대도 매지 않은 채 허리 아래로 축 내려 입고 끈도 묶지 않은 신발을 신는 게 유행이 된 것은, 미국의 래퍼 투팍 샤커(Tupac Shakur)가 1990년대에 성(性) 관련 범죄로 인해 감옥에 들어간 이후부터다. 구금되어 있는 동안 그는 혁대와 신발 끈을 압수당했다. 그의 친구들이 처음으로 그를 면회 갔을 때, 투팍은 혁대도 없이 밑으로 축 내려간 바지에 신발에는 끈도 없이 나타났던 것이다. 연대의식을 표현하기 위해 투팍의 동료들은 감옥에 있는 투팍과 똑같이 하고 다녔다. 수십 년간 아무도 빈민층 출신의 흑인 청소년들을 돌봐주지 않는 미국과 같은 나라에서는 그와 같은 행동이 충분히 이해할 수 있는 반항이지만, 유럽에서는 ― 지극히 교묘한 마케팅 전략 덕분에 ― 아이들이 비싼 대가를 치러야 따라할 수 있었다. 부모들은 혹시나 아이들이 그렇듯 유

행하는 패션을 따라가지 못해 학교에서 왕따를 당하지 않을까 걱정되어 없는 돈까지 쪼개서 주었다. 수십억 유로의 매출액을 올릴 수 있는 의류 산업은 유럽 청소년들의 머리에 다음과 같은 암시를 억지로 주입했다. 즉, 미국의 감옥에 있는 래퍼와 같은 외모와 그의 태도를 모방하는 것이 유럽의 청소년으로 살아가는 모습보다 훨씬 쿨하다는 암시이다. 그러나 유럽의 청소년들은 미국과 비교해서 훨씬 좋은 공교육을 받고 저녁이면 가족들과 함께 식사를 할 수 있는 아이들이다.

117. 의학적으로 확인되지 않았음에도 불구하고 아무런 해가 없는 마약이 있다는 말은 68운동 세대의 무책임한 전설에 불과하다. 오랫동안 '무해한' 마약이라고 선동했던 엑스터시나 대마초도 신경생물학적 효과와 심리적 효과가 있다.

118. 이런 영화들 중에서 가장 유명한 작품은 〈스크림(Scream)〉(1996)이다. 여러 차례 모방 살인이 일어났던 영화이다.

119. 킬러 게임을 보호하려는 자들은 그런 게임은 크게 문제삼을 필요가 없는 하찮은 것이라고 설명하는데, 자유롭게 돌아다니는 투견의 주인들에게서 들을 수 있는 설명과 비슷하다. "개들은 그냥 놀고 싶은 겁니다."

120. 니더작센 주의 범죄 연구소 소장 크리스티안 파이퍼(Christian Pfeiffer) : '학교는 실패자를 양성한다', 인터뷰, 《타게스슈피겔(Der Tagesspiegel)》, 2006년 11월 22일.

121. 대중매체 소비와 폭력성 사이의 관계는 여러 번 증명된 바 있는데, 특히 다음 자료들을 참조하라. 잉그리드 묄러(Ingrid Möller) : '대중매체 폭력과 공격성', 포츠담 대학, 2006년 8월 24일. 제프리 존슨(Jeffrey Johnson)과 동료들 : '텔레비전 시청과 공격적 행동', 《사이언스》 295 : 2458, 2002.

122. 경쟁적인 부모의 태도는 특히 인문계 고등학교에서 자주 찾아볼 수 있다. 교사들이 연락해도 연락되지 않는 부모들은 주로 실업학교 학부모들이다.

123. 다음의 자료를 참조하라. 크리스토프 케제(Christoph Keese), 《벨트 암 존타크(der Welt am Sonntag)》주필): '아이들을 위해 너무 적은 돈', 《벨트 암 존타크》, 2006년 11월 12일.

124. 사회적·감정적 수업을 위한 대표적 프로그램으로는 만프레드 치에르프카(하이델베르크 대학)가 수립한 커리큘럼 '주먹을 사용하지 않는'이 있다.

125. 교장은 학생을 가르치는 일은 거의 하지 않고 관리 업무만 하는 까닭에, 훌륭한 교사들은 교장 자리에 앉으려고 노력하지 않으며, 따라서 학교행정을 담당하는 당국은 이들보다 능력이 뒤떨어진 지원자들, 그러니까 능력이 아니라 출세욕으로 가득 찬 자들을 임명할 수밖에 없다.

126. 학교 건물에 책임이 있는 당사자는 대체로 지방자치단체들인데, 이들은 돈이 없으며, 가끔 지불불능 상태에 있다. 주 정부는 학교 건축 현대화 조치를 위한 투자 프로그램을 마련해야 하고, 비용은 주들이 각각의 조치에 기여한 비율에 따라 지불하도록 해야 할 것이다.

127. 때문에 나는 실업학교의 폐지를 요구하는 사람들을 이해한다(특히 아동과 청소년 연구가인 클라우스 후렐만이 그런 주장을 하는데, 이에 관해서는 《포커스》48/2006년을 보라). 문제는 그렇게 함으로써 우리가 '가난의 제거'를 요구했을 때 우리가 가난한 자들을 위해 줄 수 있는 것보다 더 많은 것을 실업학교 학생들을 위해 줄 수 있느냐이다.

128. 함부르크는 직업학교와 레알슐레를 '구립(區立)학교'로 통합할 계획이다. 구립학교는 재능있는 학생들에게 13년 후에 인문계 고등학교 졸업시험이자 대학입학시험인 아비투어(Abitur)를 칠 수 있게 해주고, 이로써 대학에 들어갈 수 있게 해준다. 구립학교 외에는 인문계 학교인 김나지움이 있고, 여기서는 12년을 다닌 다음에 대학입학시험을 칠 수 있다.

129. 이와 관련해서 다음 자료를 참조하라. 토마 얀케(Thoma Jahnke)와 볼프람

마이어회퍼(Wolfram Meyerhöfer): 『PISA & Co. Kritik eines Programms』, 프란츠베커, 힐데스하임, 2006. 일련의 방법에 대하여 그리고 해석하는 측면 에 대하여 비판하고 있다. 여기서 중요하지 않은 한 가지 예만 들어보기로 하겠다. 터키를 포함시킨 뒤부터 성적 평가를 위한 평균 기준치가 내려가야만 했다는 것이다. 그로 인해 독일과 같은 다른 국가들은 상대적으로 많이 향상 되었다는 결과가 나온다고 한다.

130. 안드레아스 슐라이허는 물리학자이자 수학자이며, 교사들이 가르치는 것은 '경험의 집합들이지 실용적인 학문' 이 아니라고 비판했다(《슈테른》, 2004년 9월 8일). 이 말은 참으로 특이한데, 왜냐하면 '실용적' 학문이란 경험으로 부터 학문을 창조한다는 뜻이기 때문이다. 안드레아스 슐라이허가 도대체 어 떤 '경험의 집합들' 을 기초로 하는지 불분명하다.

131. 미국의 프로그램 〈어떤 아이도 뒤처지지 않게 하기〉에 관한 보고에 따르면, 실적이 아주 나쁜 학교에 대하여 피상적인 성적 테스트와 처벌 조치를 실시 했음에도 불구하고 아이들의 교육 수준에는 긍정적인 효과가 없었다고 한다. '시험의 인플레이션' 은 문제가 있는 학교에 구체적으로 도움이 되지 않는다. 이와 관련해서 다음을 참조하라. 탄예프 슐츠(Tanjev Schultz): '커다란 차 이', 《쥐드도이체 차이퉁(Süddeutsche Zeitung)》, 2006년 11월 4일.

132. 자네트 고다르(Jeanette Goddar)가 이 속담을 상기시켜주었다. 물론 PISA-연구에 대하여 비판적인 시선을 가지고 말이다(프랑크푸르트 룬트샤우, 2006 년 11월 28일). 그런가 하면 마티아스 카만(Mattias Kamann)은《디 벨트》지 의 사설에서 다음과 같이 썼다. 즉 "교육부 측에서도, PISA 이후부터 늘 새롭 게 평가를 하고 능력의 기준도 새로이 생산해내는 교사들에게 경멸을 쏟아내 고 있다. 사실 그와 같은 새로운 평가와 능력의 기준은 다음번 비교연구를 할 때 OECD-연구원들의 도식에 좀더 적합하게 될 뿐이다(2006년 12월 2일).

133. 학교의 '성과' 라고 하면 성적만이 아니라, 학생과 교사들이 실현하는 창의적인 프로젝트도 포함된다(연극 연출, 음악회 등등).

134. 반나절 일을 하고자 하거나 일할 수 있는 교사들은 물론 그럴 수 있는 가능성을 가져야 하고, 그에 따라 파트타임으로 일해야 할 것이다.

135. 가령 그다지 매력적이지 않은 곳에서 근무를 하거나, 지진아들을 위한 특별 수업을 할 수 있는 교육을 받아서 전문자격을 취득하는 것 등이 있다.

136. 마하트마 간디(1869-1948)는 식민지 시절 비폭력 저항 운동을 이끌어서 전 세계적으로 유명해진 인도의 인권운동가이자 평화주의자이다.

137. 이런 발상은 르네 데카르트로부터 나왔는데, 그는 물질의 세계(res extensa)를 정신의 세계(res cognitans)와 분리했다.

138. 이는 OECD, 많은 교육부 공무원들, 대부분의 대중들이 가지고 있는 논리이다.

139. 유전자가 작동되는 '개폐기'(소위 말해서 촉진물)에 도킹할 수 있는 신호물질은 전사(轉寫, transcription) 요소라 불린다. 그것들도 역시 신호들에 의해서 활성화될 수 있다. 전사요소들을 활성화시키고 유전자를 조정하는 신호들은 내부에서 나올 수도 있고 외부에서 신체에 효과를 줄 수도 있다. 정신적인 체험은, 뇌에 의해서 생물학적인 신호로 변환되고, 유전자 조절에 지속적인 영향을 준다.

140. 일반적으로 말하면 이렇다. 신경체계를 가지고 있는 생명체의 경우, 모든 고등동물들은 바로 이 신경체계로부터 뇌가 발달하게 되었다. 신경체계가 없는 생물, 예를 들어 아메바는 주변 세계와의 교환을 스스로 완성하는데, 다시 말해 그들의 표면이 유일하게 인지하는 기관이다.

141. 뉴런 망에서 포착하여 정신적인 인상으로 합성된 감각적 인상들은 뇌로 들어가고, 이곳에서 감각적 인상들은 생물전기적 흥분과 전달물질분자(신경전달

물질)를 방사하게 된다. 이것은 다시금 신호다발을 움직여서 결국 유전자 개

폐기에서 끝이 난다.

142. 신경생물학에서 연구한 결과, 애정을 듬뿍 주는 사랑은 이미 갓난아이 때부

터 동기를 자극하는 전달물질의 분비를 촉진한다고 한다(이와 관련해서 내

책 『인간을 인간이게 하는 원칙』을 참조하라).

143. 갓난아이가 받게 되는 애정의 양이 생물학적 스트레스 체계를 조정한다. 갓

난아이 시절에 애정이 부족했던 아이는 훗날 신체자생의 공포체계와 스트레

스 체계가 지속적으로 예민해진다.

144. 내 책 『공감의 심리학: 말하지 않아도 네 마음을 어떻게 내가 느낄 수 있을

까』 참조.

145. 이미 여러 번 인용했던 살렘 성 기숙학교의 학생대표 더스틴 클링어는 이 점

과 관련해서 멋진 말을 했다. "무엇이 내 교육에 결정적인 영향을 주었는지

곰곰이 생각해보면, 그것은 나의 부모님들이 항상 나에게 가졌던 믿음이다.

그들과 나 사이의 깊은 신뢰 말이다."《프랑크푸르터 알게마이네 차이퉁》,

2007년 1월 18일.

146. '구상성'은 신경생물학에서 사용하는 전문용어인데, 경험한 모든 것과 행동

은 뇌의 신경세포에 영향을 준다는 의미이다. 연습을 많이 한 아이들은 연습

한 것을 통달할 수 있도록 뉴런의 스위치와 같은 위치를 최적화한다. 아이들

의 뇌에 특히 긍정적인 영향을 줄 수 있는 것은 일찍부터 음악 교육을 시키는

일이다. 폭력과 쇼크는 부정적인 방식으로 뇌에 영향을 주고 장기간 신경세

포들을 죽게 할 수 있다. 따라서 교육은 아이들을 후원해야 하지만, 위축시키

거나 테러 혹은 폭력을 동원해서는 안 된다.

147. 물론 이 점도 위험할 수 있다. 1장에서 언급했듯이, 친밀한 관계의 결핍은 중

독될 위험성을 높이며, 여기서 중독이라 함은 마약이나 알코올 중독뿐 아니

라 인터넷이나 컴퓨터 게임도 해당된다.

148. 교사들은 정신과 의사의 과제를 스스로 떠맡지 않도록 조심해야 한다. 하지만 아이나 청소년이 정신적으로 부담을 갖고 있다면 이것을 보고 인지해야만 한다. 만일 해당 아동이나 청소년과 얘기할 기회가 있으면, 둘이서 조심스럽게, 무슨 고민이 있는지 물어볼 수 있다. 만일 상당히 광범위한 문제(자극 상실, 우울증, 공포증후, 불면증, 거식증, 심각한 학습장애, 자학적 태도 혹은 추진력 통제 면에서의 문제)가 있으면, 아동 혹은 청소년 심리 전문기관으로 가도록 충고해야 한다.

149. 나는 여기서 '비인간성'에 관해 얘기하고 싶은 충동을 느낀다. 그러니까 많은 국가와 독일이 과거에 했던 경험을 고려할 때 부적절해 보였던 바로 그런 점들이다.

150. 몇십 년 전의 일인데 한때 이런 말이 적혀 있는 플래카드가 붙어 있곤 했다. "토요일에 아빠는 내 거야!" 그때는 모든 근로자들이 토요일에 일을 해야만 했고, 주당 48시간을 일하면서 주당 40시간 노동을 위해 투쟁하던 시기였다.

151. 하르트무트 폰 헨티히: 『검증. 유용해지기 위한 유용한 경험에 관하여(Be-währung. Von der nützlichen Erfahrung, nützlich zu sein)』, 한저, 뮌헨, 2006.

152. 자라는 아이들이 '자연적인' 환경에서 사회적으로 친밀한 관계를 맺지 못하면 — 가족, 친구들, 음악 동아리, 스포츠, 학교 혹은 단체 — 개인적으로 소외되거나 어떤 그룹에 소속되려는 시도를 한다. 이런 그룹의 회원들은 기존 사회를 비인간적이라 생각하며 사회로부터 냉대를 받은 자들이다. 예를 들어 이런 그룹에는 펑크족이나 고딕(Gothic) 운동을 하는 무리들이 있다. 그들은 기존 사회에 대하여 비판적인 질문을 던지고, 그 때문에 우리가 관심을 갖게 되는 반문화를 대표한다.

학교를 칭찬하라

1판 1쇄 펴냄 2009년 1월 16일
1판 4쇄 펴냄 2016년 11월 15일

지은이 요아힘 바우어
옮긴이 이미옥

주간 김현숙
편집 변효현, 김주희
디자인 이현정, 전미혜
영업 백국현, 도진호
관리 김옥연

펴낸곳 궁리출판 | **펴낸이** 이갑수

등록 1999년 3월 29일 제300-2004-162호
주소 10881 경기도 파주시 회동길 325-12
전화 031-955-9818 | **팩스** 031-955-9848
홈페이지 www.kungree.com
전자우편 kungree@kungree.com
페이스북 /kungreepress | **트위터** @kungreepress

ⓒ 궁리출판, 2009.

ISBN 978-89-5820-149-6   03370

값 10,000원